Margit Dorfmüller

Martha

Vom Großwerden und Kleinbleiben

Für meine Mutter

Bei Martha kullern die Gedanken und Bilder

die schräge Bahn des langen Tages

träge hinab in die Nacht,

wie ein Knäuel,

das sich abwickelt.

Margit Dorfmüller

Margit Dorfmüller

Martha
Vom Großwerden und Kleinbleiben

machiavelli edition

Bibliographische Information der Deutschen Nationalbibliothek.

Die Deutsche Nationalbibliothek verzeichnet diese Publikation in der Deutschen Nationalbibliographie. Detaillierte bibliographische Daten sind im Internet über http://www.d-nb.de abrufbar.

Umschlaggestaltung und Illustration: © Sieglinde Schwede
Illustration Seite 78: © Dr. Nele Bendick

ISBN 978-3-949898-06-8

© machiavelli edition

1.Auflage 2023

Köln 2023
Printed in Germany 2023
Druck und Verarbeitung: Digitaldruck Tebben GmbH, Biessenhofen

Gedruckt auf alterungsbeständigem, säurefreiem Papier

www.machiavelli-edition.com

Ein Königreich für einen Bauch

Mama legt zwei Senfgurken auf ihr Käsebrot und füllt Buttermilch in ihren Becher. Papa und Martha haben schon gegessen, als Mama noch arbeiten war. Nun leisten sie Mama beim Abendbrot Gesellschaft. Martha wartet auf Papas Schoß auf eine Gute-Nacht-Geschichte. Das lieben Mama und sie sehr: Papa erzählt und Martha, schon im Schlafanzug, wird in eine Decke gewickelt.

Heute brennt die erste Adventskerze. Es duftet nach frisch geschälten Mandarinen und heißem Kakao. Den macht Papa so süß, dass Mama um Marthas Zähne fürchtet. „Fang an!" Martha stupst Papa einen Ellbogen in seinen weichen Bauch. „Mm", macht der und zupft sich nachdenklich am Ohr. „Ich weiß nicht, ob du schon groß genug für eine solche Geschichte bist. Es kommen ziemlich seltsame Sachen darin vor."

Martha reckt sich entrüstet und hält ihm drei ganze und einen zur Hälfte umgeknickten Finger ganz nah an die Augen. „Papa, ich bin schon fast vier. Und ich kann mir ja die Ohren zuhalten, wenn es gefährlich wird." Mama lacht. Und dann bekommt sie einen Schluckauf und ihr ist schon wieder schlecht. Aber zum Glück geht es dieses Mal schnell vorbei. „Wenn Du es zu toll treibst, Mathias, erzähle ich weiter." Mama schaut ihn mit glänzenden Augen an und Martha zerbröselt geduldig Mandarinenschalen.

Papa zu hetzen, macht keinen Sinn. Er ist ein Dichter und braucht Zeit. „Es war einmal", beginnt Papa zögerlich, „ein Frosch, der eigentlich ein verzauberter Prinz war. Er war dick und glibberig und hatte hässliche Froschaugen und einen dicken

7

Froschbauch. Sein guter alter Diener Heinrich war bekümmert. Der König hatte ihm aufgetragen, seinen froschigen Sohn, den Prinzen, gut zu hüten und dafür zu sorgen, dass er wieder ein Mensch würde, ein hübscher junger Mann, der später einmal auch König werden sollte. Und weil Heinrich es ziemlich mühsam fand, auf einen glitschigen Frosch aufzupassen und ihm beim Entzaubert-Werden zu helfen, und da er insgeheim Angst hatte, er könnte vor Mühe und Sorgen platzen, hatte er sich Reifen aus Eisen um Bauch und Herz geschnallt. Damit er zusammenhält. Wie ein Bierfass."

Martha hat keine Vorstellung davon, was das für Sorgen sein sollen. Aber ein leeres Bierfass kennt sie aus Papas Arbeitszimmer. Er hat einen Hocker daraus gemacht. Martha darf ab und an damit rollen. Mama hält sie dann an den Händen und Martha versucht, mit den Füßen darauf vorwärts zu dribbeln.

Mama schaltet sich ein. „Was muss denn passieren, damit der Frosch zum Prinzen wird?", fragt sie.

„Tja", antwortet Papa listig, „eigentlich, wenn eine Prinzessin ihn so doll liebhat, dass er sich verwandeln kann. Aber in dem Fall ist das schwierig. Welche Prinzessin hat schon Lust auf so einen hässlichen Kerl?"

Mama wiegt den Kopf hin und her. „Dann muss er eben für immer ein Frosch bleiben." Aber Martha hat eine Idee: „Oder er muss eine Froschfrau finden, die ihn mag!"

„Geht leider nicht", antwortet Papa. „Schließlich soll er König werden, eine Prinzessin heiraten und Kinder bekommen." Papa hebt Martha kurz an und setzt sie auf den Hochstuhl.

Er holt sich ein Bier aus dem Kühlschrank und gießt es andächtig ein. Es bildet eine schöne Schaumkrone und leuchtet goldgelb, als er das Glas vor der Kerze abstellt. Dann nimmt er Martha wieder auf den Schoß. „Heinrich hat eine Idee. Im Nachbarschloss wohnt eine einsame Prinzessin. Sie ist Einzelkind; niemand spielt mit ihr. Sie wünscht sich Geschwister, aber ihre Eltern feiern ständig und haben keine Zeit. Für ihre Partys haben sie einen Schlossbrunnen voller Bier; der wird nie leer."

„Das könnte dir so gefallen." Mama sieht ihn verschmitzt an. „Vergiss die goldene Kugel nicht!" Papa trinkt ein paar Schlucke. „Ah! Ich bin ein König mit Krone auf dem Bier!", seufzt er verklärt. „Schau, Martha, so ein Brunnen voll Bier, das gefällt dem Heinrich. Er nimmt den Frosch mit dorthin und holt die Prinzessin zum Spielen raus. Sie bringt ihre goldene Kugel mit. Die beiden spielen Zuwerfen, immer hin und her, und der Heinrich schöpft mit einem silbernen Becher Bier, bis es der Prinzessin langweilig wird und sie die Kugel in den Brunnen pfeffert. Soll doch der Frosch sie wiederholen."

„Wieso nicht die Prinzessin?", fragt Martha. „Die hat sie doch selbst da reingeworfen. Oder der alte Heinrich, der ist der Diener, und die müssen immer alles tun." Das weiß Martha genau. Und auch, dass Mama nicht ihre Dienerin ist. Schließlich hat sie das neulich ziemlich schnaufend gesagt, als sie sich für Martha bücken musste.

„Der Heinrich kann das nicht tun", wirft Mama ein, „der hat vom Bier einen ziemlichen Bauch gekriegt. Er sieht schon aus wie ein Fass, mit seinen eisernen Reifen." Mama sieht bedeutungsvoll zu Papa.

Der bleibt unbeeindruckt. „Der Frosch möchte gerne der Prinzessin gefallen. Aber er will nicht in den kalten Brunnen springen. Man kann ja den Grund nicht sehen, so trüb ist der. Naturtrüb, mit Schaum drauf. Die Prinzessin heult schon, weil sie ihre Kugel wiederhaben will. Und weil sie gar so ein Theater macht, holt der Frosch tief Luft, hält sich die Nase zu und hüpft in den Brunnen. Dabei verschluckt er versehentlich ein bisschen Bier und muss laut rülpsen …". Mama grunzt tadelnd. Martha kichert. Papa spricht weiter: „Kurz und krumm: es schmeckt ihm so gut, dass er …".

Mama räuspert sich.

„Es schmeckt ihm zwar nicht besonders gut", korrigiert Papa sich, „aber er säuft tapfer alles aus. Bis die Glitzerkugel zum Vorschein kommt. Aber weil sein Bauch jetzt noch dicker ist, schafft der Frosch nicht die Leiter im Brunnen hoch. Da sitzt er nun neben dem goldenen Spielzeug und quakt traurig. Die Prinzessin, nicht faul, steigt hinab, würdigt ihn keines Blickes, holt ihre Kugel und geht nach Hause."

„Das hast du gründlich vermasselt!", schimpft der eiserne Heinrich in den Brunnen hinein und hat seine liebe Mühe, den vollen Frosch wieder heim zu schleppen, wo er einen Tag lang im Garten leerlaufen muss. Die Prinzessin aber lässt sich einen Schokoladenbrunnen bauen, der immer sprudelt. Der Frosch muss noch viele Male zu Besuch kommen, bevor sie ihn in Vollmilchschokolade taucht und sich so verliebt, dass sie ihn abschleckt."

Martha schüttelt sich. Eklig und zugleich verlockend klingt das. Sie kuschelt sich an Papas Bauch. „Ist der vom Bier dick?", fragt sie und piekst mit dem Finger hinein. „Nicht nur", sagt Papa. „Auch vom Dichten. Da sind Millionen Wörter drin verwahrt."

„Und Mama?" Martha zeigt auf ihre Mutter, die ihre Hände auf dem Bauch liegen hat. „Hat die etwa auch zu viel Bier getrunken und Wörter drin?" Da geht Papa mit dem Mund so nah an Marthas Ohr, dass es kitzelt. „Viel Schokolade", flüstert er „und etwas, das viel kleiner ist als du. Das erzählen wir dir morgen. Jetzt wird geschlafen."

Diesmal dichtet Papa nicht

Das zweite Licht brennt. Mama hat auf den wundervoll strubbeligen Kranz von unterschiedlichen Zweigen ein paar Schokokringel mit bunten Streuseln gelegt. Die soll sie bis zu Papas Gute-Nacht-Geschichte aufheben. Martha befingert sie nur ein wenig. Dabei fallen ein paar süße Krümel ab, die sie heimlich aufpicken kann.

Martha wartet am Esstisch, rammt ihre kleinen Ellbogen auf die Holzplatte und verdreht ächzend die Augen. Wie lange das dauert! Sie haben gegessen, Mama telefoniert schon ewig mit Oma wegen Weihnachten und Papa wuselt um sie herum. Er wird nicht mit der Küche fertig, die er neuerdings abends in Ordnung bringt, damit Mama ihre Füße hochlegen kann. Papa pfeift, pladdert reichlich mit Wasser und hat schon ein paar Mal über den klebrigen Tisch gewischt. Dabei schaut er freundlich in Marthas Gesicht und übersieht geflissentlich ihre Ungeduld.

„Mann, Papa!" Martha guckt so streng wie Frau Reiche, die Kindergärtnerin, wenn mal wieder keiner zuhört. Aber hier würde jemand zuhören. Nämlich sie. Ganz besonders gut sogar.

Papa hat vor ein paar Tagen etwas ganz Schönes angekündigt. Er hat Martha etwas ins Ohr geflüstert und sie sehr neugierig auf eine neue Geschichte gemacht. Und dann hatten sie tagelang keine Gelegenheit, abends zu erzählen. Martha ist krank gewesen, und Papa und Mama haben im Wechsel Wadenwickel gemacht und mit einem Waschlappen Marthas heiße Stirn gekühlt, während die alles dröhnend laut hörte, am ganzen Körper glühte und sich ringsherum wie in dicker Watte fühlte. Sie hat nicht essen und trinken mögen, nur Kirschsaft ging prima. Und Mama hat den Saft in Marthas altes Trinkfläschchen gefüllt, damit die liegend daran nuckeln konnte. Niemand sprach mehr vom Zähneputzen, nicht mal Mama. Sie sang leise an Marthas Bett und strich ihr sanft über das Gesicht.

Heute konnte Martha zum ersten Mal wieder aufstehen und etwas essen. Papa hat sie mit Fichtennadelduft gebadet und warm verpackt an den Tisch gesetzt.

„Wir warten noch auf Mama." Papa klingt bestimmt und ziemlich feierlich.

„Mama", ruft Martha, laut genug, damit die es im Wohnzimmer hört und auch Oma am anderen Ende der Leitung mal ein Ende findet, „komm endlich."

Irgendwann, nach der zehnten Verabschiedung, tippt Mama endlich auf das Telefon, legt es auf die Station und setzt sich neben Martha, zupft deren Decke zurecht und legt den Arm um ihre Schultern.

Martha schließt die Augen. Auch mit geschlossenen Lidern sieht sie noch das Licht der beiden flackernden Kerzen vor sich. Sie schmiegt sich müde an Mama. Die ist so schön warm. Und sie riecht gut, wie ein Kuchen, findet Martha. Und weil gut riechen, warm und müde sein in Mamas Arm fast so ist wie im Bett kuscheln, schläft sie ein.

Papa erzählt ihr später, dass er sie in die Mitte des Ehebetts gelegt hat. Mama hat sich leise fertig gemacht und ist zu ihr gekrabbelt. Und später ist auch Papa dazu gekommen, nachdem er die Kerzen gelöscht hat. „Mit den Hühnern schlafen gehen", nennt er das. Er hat ein Tablett mit Hustentee und Schokokringeln neben das Bett gestellt und vorsichtshalber eine

Küchenrolle zum Abwischen der Finger dazu gelegt. Für alle Fälle. Und nur sehr ausnahmsweise – von wegen Zähneputzen.

Aber Martha schläft. Und Mama auch. Ganz breit machen sie sich, so dass Papa sie beide zurückschieben muss, damit auch er Platz hat. Martha wird davon ein bisschen wach, gerade eben so viel, dass sie sich kurz wundert, wo sie ist. Und dann legt sie ihr Gesicht an Mamas Rücken und rollt sich zusammen und schläft weiter. Schläft sich gesund und ist am frühen Morgen mopsfidel.

„Martha, es ist fast noch Nacht", flüstert Papa. „Wir können noch ein bisschen schlafen. Mama macht auch noch keinen Mucks. Komm, mach noch mal die Augen zu."

Aber Marthas Augen gehen nicht zu. Sie gehen nur immer weiter auf. Außerdem macht Mama sehr wohl „Mucks". Viel mehr als das. Sie grunzt und gähnt und wälzt sich, und dann dreht sie sich zu Papa und Martha, reibt sich die Augen, die viel schwerer aufgehen als Marthas. Aber sie lächelt schon und verteilt Küsse.

„Dann ist die Nacht ja wohl vorbei", sagt Papa und seufzt resigniert. Er hebt das Tablett ins Bett und schiebt es in die Mitte ans Kopfende. Martha rutscht ein wenig Richtung Fußende und schaut sich bäuchlings an, was da vor ihrer Nase aufgebaut ist. Blitzschnell beißt sie ein Stück von einem Kringel ab und schiebt Mama die andere Hälfte zwischen die Lippen.

„Erzähl endlich", sagt sie zu Papa, als wäre es gestern Abend am Esstisch.

Papa legt sich auf die Seite, stützt den Kopf mit einer Hand auf und schaut Martha an. Er langt mit der anderen Hand zu Mama hin und legt sie ihr auf den Bauch. „Soll ich loslegen, Luisa?" fragt er sie.

„Ich bin schon sehr gespannt", antwortet Mama. An ihrer Stimme hört man, dass sie lächelt. Martha sichert sich den letzten Kringel. Sie schaut von Mama zu Papa und wundert sich. Alles ist ganz anders als sonst. Am frühen Morgen Schokolade, im Bett herumliegen und Geschichten erzählen und Mama und Papa drängeln nicht und niemand muss etwas tun?

Papa räuspert sich. „Kannst Du Dich an den riesigen Bierbauch vom Froschkönig erinnern, Martha?"

Martha nickt. Die Schokolade schmilzt auf ihrer Zunge, und die bunten Krümel kleben überall im Mund und zwischen den Zähnen. Wenn sie jetzt spräche, flöge alles umher. Sie beißt auf die Streusel und leckt ihre Lippen.

„Ja, und es gibt auch Bäuche, die von zu viel Schokolade-kringeln kommen." Mama grinst. „Oder von Schokolade und Bier. Aber die Geschichte hast du neulich schon erzählt, Mathias."

„Stimmt!" Papa nimmt seine Hand von Mama weg und kratzt sich am Kopf. „Aber bei manchen Menschen, nämlich bei Frauen, die gerade richtig erwachsen sind und die einen netten Mann haben…", Papa macht eine Pause und wird dabei ein wenig breiter und größer, „da gibt es noch einen Grund, warum der Bauch wächst."

Martha hat großen Durst. Das ist doch keine wirkliche Geschichte. Papa spielt Rätselraten.

„Ich will was zu trinken", sagt sie. Und dann lässt sie versehentlich einen Pups. Mama lacht.

15

Papa macht „Na, na!" und hält ihr den Teebecher hin. Martha nimmt große Schlucke; es kommt ihr so vor, als käme ihm die Unterbrechung gelegen. Dann nimmt er wieder Anlauf. „Es gehört sich zwar nicht, Martha, ins Elternbett zu pupsen, aber wenigstens wird davon ein dicker Blähbauch wieder kleiner."

Mama schaltet sich ein. „Stimmt alles. Aber jetzt kommt der schönste und wichtigste Grund für einen dicken Bauch." Und dann nimmt sie Marthas Hand und legt sie sich dahin, wo vorher Papas Hand war. „Fühl mal, halt ganz still", sagt sie. Martha fühlt Mamas Haut. Und etwas darunter. Es bewegt sich wie hingetupft. Es macht den Bauch hart und wieder weich. Martha legt vorsichtig ihren Kopf auf die Stelle. Darin scheint es ziemlich geschäftig zuzugehen.

Klar! Jetzt weiß Martha Bescheid. In ein paar Wochen ist Weihnachten. Da darf man sich Sachen wünschen, die dann im Geheimen bei den Eltern abgegeben werden.

„Hallo, Christkind", flüstert sie in Mamas Bauch hinein. „Du weißt ja, ich will unbedingt einen Teddy und ein Dreirad. Tu Mama aber bitte nicht weh."

Neuigkeiten

Heute ist Neujahrstag. Oma Ilse aus Köln bringt Martha zurück nach Hause zu ihren Eltern. Martha war bei ihr und Opa Walter zu Besuch, damit Mama und Papa nach einer Silvesterfeier mit Freunden ausschlafen konnten. Als wenn das wichtiger wäre als wach zu sein! Mama war sowieso meistens müde, und bei Papa war man sich nie sicher, ob er auf seiner Schäselong*, wie er sein Sofa nannte, schlief, träumte oder nachdachte. Niemals würde sie freiwillig ewig mit geschlossenen Augen herumliegen wie Mama oder Papa. Oder Opa. Da ist sie eher wie Oma. Die ist fast immer wach und hat ihre Augen und Ohren überall.

Sie fahren mit dem Zug. Martha darf auf die Sitze klettern, Oma hält sie fest, und dann sieht man die Müngstener Brücke mit diesem schmalen silberblaugrünen Bändchen der Wupper, das Martha vom Spazierengehen mit den Eltern kennt. Nur jetzt wie vom Himmel aus, winzig und ganz weit weg.

Auf dem Hinweg konnte man auch eine tolle Brücke sehen, mit vielen Schlössern zum Schließen von den Valiepten* und den Doppelturm des Kölner Doms.

„Zwillinge", hatte Oma die beiden spitzen, hohen Kirchtürme genannt und Martha zugezwinkert.

„Zwillinge", fuhr sie fort, „sehen meistens ziemlich gleich aus und kommen am gleichen Tag zur Welt. Sie machen viel Arbeit und beschäftigen ihre Eltern den lieben langen Tag." Oma hatte schwer geseufzt und Martha eindringlich angeschaut.

17

Die war beschäftigt. Mit einem Zeigefinger voll Spucke quietschte sie Wupperkurven auf die Fensterscheibe und ließ mit den Beinen den Müllbehälter unterm Abteiltischchen klappern.

„Nicht, lass das!", sagte Oma und zog Martha entschlossen auf ihren Schoß. Martha wollte sich schon sträuben, denn da war es eng und knochig.

Aber Oma begann, im Erzählton zu sprechen, und Martha lauschte ihrer Stimme. Sie liebte Geschichten, die mit „Ich kannte einmal ein kleines Mädchen" begannen. Dabei ging es häufig um ein Kind, dem ganz ähnliche Dinge zustießen wie ihr selbst. Oma schien dieses Mädchen gut zu kennen.

„Das Mädchen war allein mit seinen Eltern und wünschte sich innigst ein Geschwisterchen", sagte Oma getragen. „Es war dem Mädchen ganz gleich, ob es ein Brüderchen oder Schwesterchen würde, Hauptsache, es bekäme einen Spielkameraden. Es freute sich sehr darauf, seine Spielsachen und sein Zimmer mit ihm zu teilen."

Martha nahm die nasse Anorakkordel aus dem Mund, auf der sie versonnen herumgekaut hatte. Hier konnte etwas nicht stimmen; Oma war gerade offensichtlich schlecht über das kleine Mädchen informiert.

„Wenn andere Kinder mit meinen Sachen spielen, freue ich mich aber gar nicht", widersprach sie. Sie dachte mit bangem Herzen an ihr beengtes Kinderzimmer und wie es dort zuging, wenn die Jungs von unten darin wüteten. Und das waren immerhin ihre Freunde Robert und Hannes!

Oma sah Martha erschrocken und nachdenklich an und ließ das Thema fallen.

Bei Spaziergängen am Rhein zeigte Oma hin und wieder auf einen Kinderwagen und hieß Martha hineinzuschauen. „Süß, nicht wahr?", fragte sie und ließ sich von den Eltern erklären, ob das Baby ein Junge oder ein Mädchen sei. Manchmal dämpfte sie die Stimme und sprach leise von ihrer Tochter Luisa, die Marthas Mama ist, und legte dabei die Hand auf ihren Bauch. Martha konnte in aller Ruhe den Möwen zusehen und ihren Spazierstock mit Liebesperlen leer futtern, den Opa ihr ohne Omas Erlaubnis gekauft hatte.

Und jetzt, auf dem Rückweg, im Zug nach Hause, gibt es wieder etwas vom kleinen Mädchen zu hören. Das ist Martha recht, denn nach der Brücke wird ihr langweilig.

Oma scheint eine ganz ähnliche Geschichte im Sinn zu haben wie auf dem Hinweg. „Das kleine Mädchen half seiner Mutter, wo es nur konnte und liebte seine beiden neugeborenen Geschwister sehr. Es wurde selbständig und krabbelte nachts nicht mehr zu den Eltern ins Bett, damit die besser schlafen konnten."

Zwei Babys auf einmal? Opa Kurt in der Heide hat Schafe. Die Schafmütter haben oft auch zwei niedliche Lämmer auf einmal. Die stehen sehr wackelig auf den Beinen und trinken ganz gierig an ihrer Mutter, das hat Martha in den Osterferien beobachtet.

Trotzdem ist das keine spannende Geschichte, so ganz ohne Gefahr und ohne Zauber. Martha gähnt.

Sie kramt Stifte und Papier aus ihrem Rucksack und beginnt zu malen. Etwas Eckiges. Mit einer Kiste, aus der Wirres herausquillt: Gliedmaßen und Kreise mit Gesichtern.

„Was hast du denn da Schönes gemalt?", will Oma wissen.

„Eine Kommode mit einer Schublade für Zwillinge", sagt Martha gedehnt, denn das könnte Oma nun wirklich erkennen. „Für das Kinderzimmer, da kann man sie reinschieben, wenn sie einen beim Spielen stören."

Oma sieht erschrocken aus. „Oh, Martha", sagt sie, „da muss das kleine Mädchen aber noch viel lernen!"

Daheim freuen sich Mama und Papa sehr auf Martha. Endlich ist sie wieder da – und man muss sich fragen, wie sie ohne Martha zurechtgekommen sind.

Alle trinken Kaffee, Mama hat Stuten mit Butter und Honig auf den Tisch gestellt, Papa räumt Marthas Sachen weg und hängt Omas Mantel auf. Martha legt Mama das gemalte Bild hin.

„Das", sagt sie, „habe ich für dich gemalt." Und dann soll sie auch Mama erklären, was damit gemeint ist. Nicht mal Mama erkennt diese Erfindung von allein.

Mama streichelt ihr über den Kopf und schaut fragend zu Oma. „Mutter, hast du etwa …?", fragt sie. Für Martha klingt es vorwurfsvoll.

Oma antwortet trotzig: „Was sollte ich denn bitte tun? Das Kind hat ein Recht darauf, von seinen Eltern …".

„Genau!", unterbricht Mama heftig. „Von seinen Eltern!"

„Ich konnte doch nicht wissen, dass ihr euch dermaßen lange Zeit dafür lassen würdet! Man sieht dir die Umstände ja längst an!"

Papa steckt den Kopf vorsichtig durch die Tür, als hätte er Sorge, dass ihn etwas am Kopf treffen könnte.

„Hallo, ihr Lieben", brummt er, „na, so was." Er legt den Arm um Mama. „Ist nicht so, als wenn wir es nicht versucht hätten, Ilse. Aber Martha hat immer vom Thema abgelenkt." Er lächelt Oma an.

Da muss Mama lachen. Und Oma auch. Martha lacht erst mit, als sie ganz sicher sein kann, dass jetzt alle froh sind.

„Na gut, also dann: liebe Martha", sagt Papa mit seiner Dichterstimme, „wir bekommen Zwillinge. Darum ist Mamas Bauch so dick und sie oft so müde. In zwei oder drei Monaten ist es soweit. Und du kriegst mit einem Mal zwei Geschwisterchen."

Martha schaut zwischen den feierlichen Erwachsenen hin und her. Bei so was kann sie ein Wörtchen mitreden. Unter ihren Stickern und Hannes' Fußballbildern sind schließlich auch doppelte.

„Zwei genau gleiche?", fragt sie. „Dann könnten wir ja eins zum Tauschen nehmen."

Mama und Papa müssen plötzlich stark husten, und Oma verschluckt sich am Kaffee. Als sie endlich wieder sprechen kann, sagt sie etwas sehr Nützliches.

„Martha hat ein winziges Zimmer", sagt sie. „Bei ihr könnt ihr die Babys auf keinen Fall unterbringen!"

„Nein", sagt Mama und klingt, als habe sie auch schon darüber nachgedacht. „Erst einmal behält Martha ihr Zimmer. Später müssen wir umbauen, damit ein schönes Spielzimmer für alle entsteht. Ich brauche allerdings eine fleißige Gehilfin."

Martha klatscht in die Hände. Das klingt nicht nur gut, nein, das klingt nach wenig überflüssigem Schlafen und viel herrlichem

Rambazamba. Sie guckt triumphierend zu Oma, die zweifelnd Papa ansieht. Der zuckt nur mit den Schultern.

Wunderbar, Mama und sie werden wirklich viel zu tun haben, das weiß Martha jetzt. So ein Spielzimmer zu bauen, erfordert geschickte Hände. Die Zwillinge müssten eben so lange in eine Kommodenschublade.

Und Papa könnte viel spazieren gehen, damit er nicht stört.

Zwillinge sind ein Aufwasch

An dem einen Tag war Mama noch so rund, dass man ein Butterbrot mitnehmen musste, wenn man einmal um sie herumlaufen wollte, wie Opa aus Köln witzelte, und plötzlich steht sie fast wieder normal in schlabbrigen Blümchenhosen am Wickeltisch und legt Windeln um ein rosiges Hinterteil von der Kleinheit einer Kugel Aprikoseneis. Ihre ansonsten eher tiefe und kräftige Stimme klingt hoch und sanft, und sie stupst mit ihrer Nase auf den winzigen Bauch mit dem zugepflasterten Nabel, der zu Marthas Schwesterchen Ella gehört.

Derweil schreit der kleine Max, obwohl Martha ihn in seinem Stubenwagen kräftig hin und her schubst, so dass die Holzräder quietschen. Dazu singt sie immer lauter werdend das einzige Lied, das diesem Brüller gerecht wird. „Wir haben Hunger, Hunger, Hunger, haben Hunger, Hunger, Hunger, haben Hunger, Hunger, Hunger, haben Durst. Wo bleibt das Essen, Essen, Essen, bleibt das Essen, Essen, Essen, bleibt das Essen, Essen, Essen, bleibt die Wurst?"

„Mal sachte mit dem Wagen; mach ihn nicht kaputt", unterbricht Mama sie, „da habe ich schon drin gelegen. Und meine ganzen Cousinen und Cousins. Und du, meine Süße. Bis du zu groß dafür warst."

Und dann nimmt sie das winzige, saubere Bündel mit den wenigen Haaren und den noch nicht richtig geöffneten Augen, legt es neben den Brüller und schnappt sich den, um ihn auf dem Arm zu wiegen, bis er ruhiger wird und sich auch wickeln lässt.

Martha schnappt sich ihren Fußhocker und schaut in den Stubenwagen. Ella versucht, ihre kleine Faust in den Mund zu stecken. Auch sie ist hungrig. Martha weiß nach den paar Tagen mit den Zwillingen schon ziemlich genau, wie es weitergeht. Papa hilft Mama dabei, sich auf der Couch im Wohnzimmer so gemütlich hinzusetzen, dass sie beide Babys auf einmal stillen kann. Dafür gibt es Stillkissen, so dass Mama nicht die Arme abfallen, wenn es lange dauert, bis die zwei satt sind. Anschließend nimmt Papa die Säuglinge nacheinander hoch, lässt sie ein Bäuerchen machen und bringt sie zum Stubenwagen. Dort liegen sie nah beieinander und schlafen für eine Weile ein. Dann ist Ruhe. Papa räumt das Wickelzimmer auf, deckt den Abendbrottisch, und Mama hat die Augen zu. Mit den Stillkissen und ihren Brüsten, die noch unbedeckt sind und der Bluse, die nasse Flecken hat und ihrem blassen Gesicht könnte man denken, sie sei krank. Oder habe völlig das Interesse an ihr und Papa verloren.

Mama hat ihr jedoch erklärt, dass sie einfach nur müde und angestrengt ist und Martha noch genauso lieb hat wie früher, genau wie Papa, und dass sie nun alle feste zusammenhalten müssen, dass die Winzlinge gesund groß werden.

Mmh. Groß werden, das hat sie gesagt. Und dass auch Martha zu groß für den Stubenwagen geworden sei, irgendwann vor einer Zeit, an die Martha sich nicht mehr erinnern kann. Angeblich soll auch sie früher in die Hosen gemacht und an Mamas Brust getrunken haben. Das muss sie glauben, denn Mama und Papa lügen ganz selten. Sehr selten. Nur, wenn es unbedingt nötig ist, zum Beispiel, wenn Oma und Opa aus Köln fragen, wo denn der schicke Schlips für Papa hingekommen wäre, den sie ihm geschenkt hatten. Oder die moderne Kette für Mama, die so auffällig glitzerte. Das tut man nur, wenn es gar nicht anders geht und man sonst den größten Ärger bekäme, hatte Mama erklärt. Und nur als Erwachsener, weil die wissen, wann es nötig ist. Und nicht nur einfach so, aus Angst vor Schimpfe. Auch das will Martha glauben.

Das Telefon bimmelt und reißt Martha aus ihren Überlegungen. Sie hat selbst gar nicht gemerkt, dass sie sich ganz nah an Mama gekuschelt hat und beinahe eingeschlafen wäre. Mama seufzt und hält die Augen geschlossen. Sie ist nicht wach genug zum Telefonieren, findet Martha und meldet sich.

„Familie Muth am Apparat. Hallo, wer ist da, bitte?", schmettert sie *sehr wach* ins Telefon. Das macht Papa ebenso. Bei ihm rufen oft Studenten an. Und noch viel mehr Studentinnen. Darum finden Papa und Mama es gut, Familie Muth zu sagen. Damit die Studenten, oder besser die Studentinnen wissen, dass da noch mehr Menschen wohnen und in Ruhe zu Abend essen manchmal wichtiger ist, als über Gedichte zu sprechen. Oder sich für Nicht-Gedichte wortreich zu entschuldigen.

Auch heute könnte mal wieder so ein Stimmchen am Telefon sein. Und Martha hat Hunger, Hunger, und auch Durst. Papa und Mama, Abendessen, vorlesen und ein bisschen schwatzen wären jetzt an der Zeit.

„Hallo, Martha, meine Süße, hier ist Gerda. Herzlichen Glückwunsch zu deinen Geschwisterchen. Du bist ja doppelt große Schwester geworden. Sag mal, geht es Mama gut? Kann ich sie sprechen?"

„Mama schläft", sagt Martha. Das ist besser, als Mama zu stören – und sowieso besser, als während Mamas langer Gespräche mit Gerda zu verhungern. Mama blinzelt, aber das gilt nicht als

Wachsein. Flunkern und Blinzeln, die gehören zusammen. Lügen kann das nicht sein.

„Und Papa?", fragt Gerda, Mamas beste Freundin von früher, die immer ihren lustigen Foxterrier Lutzi und wunderbare Süßigkeiten mitbringt, aber leider Mama stundenlang für sich allein haben will.

„Der kann auch nicht, der muss unbedingt in der Küche sein, weil wir sonst verhungern."

Mama grunzt leise. Sie hat beide Augen ein wenig geöffnet, nur so einen Spalt, wie die Babys.

Einen kurzen Moment ist es still am Telefon. Dann fragt Gerda ein bisschen pikiert, ob Martha denn wohl bitte schön ausrichten könnte, dass sie angerufen habe. Mama dürfe sie bis spät zurückrufen, sie bliebe noch lange auf.

„Wir nicht", sagt Martha bestimmt. „Wir gehen früh ins Bett, weil Max und Ella uns nachts wachmachen. Außerdem müssen wir noch essen und vorlesen, und übrigens: Du kannst ja mit mir reden. Ich habe gerade Zeit."

Besser, sie schaut nicht zu Mama hin, denn vielleicht findet die es nicht so gut, dass Martha das Telefon immer noch hält und nicht weiterreicht.

Mama macht allerdings keine Anstalten, als ob sie unbedingt telefonieren wollte. Sie hat sich auf die Seite kippen lassen und eine Decke bis zum Kinn gezogen.

„Na gut", sagt Gerda und schnaubt ein wenig durch die Nase, wie jemand, der belustigt ist und sich gleichzeitig ärgert. „Wie läuft es denn so bei Euch?"

„Gut", sagt Martha, obwohl sie nicht genau weiß, was Gerda meint.

„Hilfst du Mama und Papa mit den Zwillingen?"

Martha überlegt. Sie nickt eifrig. Dann fällt ihr ein, dass Gerda das nicht sehen kann.

„Klar", sagt sie. „Ich räume mein Zimmer jetzt immer selbst auf. Und ich tröste Max, wenn er schreit. Außerdem leihe ich Ella manchmal meinen Daumen."

„Oh", sagt Gerda erstaunt, „das ist ja wirklich eine große Unterstützung. Dann magst du deine Geschwisterchen wohl sehr und möchtest sie gar nicht mehr missen?"

Zwei schwierige Fragen. Martha wechselt das Telefon zum anderen Ohr und schaut zu Mama. Die scheint zu schlafen; sie lächelt leicht und entspannt.

„Ich mag sie schon", sagt Martha gedehnt. „Aber du kannst sie gerne haben, wenn Mama und Papa sie hergeben. Von mir aus, wenigstens einen. Du hast ja nur einen Lutzihund und keine Kinder."

„Oh", sagt Gerda, „aber Martha. Das ist keine gute Idee, glaube ich."

Martha hat schon eine bessere. Blitzartig ist ihr das noch eingefallen. Oder du nimmst beide, das ist ein Aufwasch mit Zwillingen, sagt Oma. Und wir kriegen Lutzi dafür?"

„Ich überleg's mir", verspricht Gerda. „Grüß Mama lieb von mir, ja?"

Martha tippt mit dem Zeigefinger auf den roten Hörer auf dem Display des Telefons, damit beendet man ein Gespräch, das hat sie von Mama abgeguckt Ihr Bauch fühlt sich sehr leer an. Sie muss unbedingt mal bei Papa nachschauen, ob der endlich fertig ist mit dem Abendbrottisch.

Er ist es. Es gibt sogar Nachtisch: Grießbrei mit Rosinen. Martha darf Mama wecken, die sehr vergnügt und zärtlich durch Marthas Haare wuschelt. Sie schickt ihre Große zum Hände-waschen und geht zu Papa in die Küche. Martha lässt das kleine Seifenstück herumflutschen und singt zweimal Happy Birthday dazu, wie sie es im Kindergarten gelernt hat. Mama erzählt Papa in der Küche irgendetwas von Gerda und Lutzi, beide lachen herzhaft. Martha freut sich auf den Abend.

Zu groß, zu klein oder gerade richtig?

Martha liegt noch wach im Bett. Es war ein schöner Abend; die Zwillinge waren früh und ohne Zinnober* eingeschlafen; und Papa, Mama und sie hatten Zeit miteinander für ein paar Runden Mau-Mau. Martha hat gewonnen. Sie war auf Zack! Papa war Verlierer, ohne sich zu ärgern.

Martha dreht sich einen Kopfkissenzipfel und packt ihn fest in ihre kleine Faust. Manchmal nuckelt sie daran, wenn sie nicht gleich einschläft. Heute ist sie hellwach und wird ihn noch ein Weilchen strapazieren.

Sie hört, wie Mama und Papa nebenan die Zwillinge noch einmal zur Nacht versorgen. Papa bringt sie immer mit frischen Windeln ins Ehebett, wo Mama sie stillt. Wenn sie satt sind, legt Papa sie vorsichtig zurück ins Körbchen. Meistens knöttern sie noch ein Weilchen, und man kann das beruhigende Murmeln der Eltern hören; Papa brummt leise ein Lied.

Sie sind zu viert, und Martha ist allein. Das kann sehr schön sein, findet sie. Man kann sich was ausdenken, vor sich hin-sagen, mit den Fingern Wege in die Bettdecke zeichnen und sich vorstellen, mit man mit dem Laufrad hin und her fährt und Abenteuer erlebt, oder man kann die Augen fest zusammenkneifen, bis Lichtpunkte blitzen und sich dabei wünschen, dass die Zwillinge schneller groß werden und alleine ihr Butterbrot essen können.

In Mamas Bauch sind sie ja mal pünktchenwinzig gewesen. Das konnte man in Marthas Bilderbuch „Woher die Babys kommen" sehr gut erkennen. Und auf dem Foto, das die Ärztin von Mama durch den Bauch gemacht hat. Das waren sehr kleine Gespenster, die Martha da hat umherschweben sehen, als Mama sie mal zur Untersuchung mitgenommen hat.

Und dann wurden sie für Mamas Bauch zu groß. Als Max und Ella endlich geboren wurden und Martha sie zum ersten Mal sehen durfte, waren sie allerdings immer noch winzig, und es war ihnen nicht anzusehen, dass sie mal so laut würden schreien können. Oder so feste an Mama herumzutzeln.

Jetzt liegen sie Wange an Wange im Stubenwagen, haben einander und sind nie allein.

Mama hat gesagt, dass Martha eines Tages zu groß für den Stubenwagen geworden ist. Martha durfte ihn neulich zum Spaß noch einmal ausprobieren. Wenn sie sich zusammenrollt und Paket spielt, passt sie immer noch hinein.

Allerdings: Zum Hineinschauen ist sie immer noch nicht groß genug. Dafür braucht sie einen Hocker.

Zu groß ist überhaupt so ein seltsames Wort. Zu alt, wäre richtiger, hat Papa lächelnd auf ihre Nachfrage geantwortet. Oder: zu munter, sie konnte sich schon aufsetzen, hätte herausfallen können, wollte mehr von der Welt sehen als nur die rotkarierten Innenbezüge eines Korbwagens und Plüschtiere. Also legten ihre Eltern sie auf eine weiche Matte, und schon wurde das Wohnzimmer zum Abenteuerspielplatz.

Martha hört die Geschichten von sich selbst so gerne, als wenn sie Märchen wären. Neuerdings erzählen Papa und Mama anderen Menschen allerdings meistens Geschichten von Max und Ella, von der schwierigen Geburt und von jedem Windelschiss.

Dabei wäre es doch viel interessanter zu hören, wie sie Martha ganz plötzlich alleine lassen mussten, um ins Krankenhaus zu fahren. Papa hatte sie geweckt und ihr gesagt, dass es jetzt losgeht und die Zwillinge auf die Welt kommen wollen (wo sie Marthas Meinung nach längst waren, denn Mamas Bauch war ja auf der Welt), und er hatte Edytta, der polnischen Pflegerin von Frau Witt im Dachgeschoss, Bescheid gesagt, damit sie wie verabredet auf Martha aufpasst.

Edytta war lieb zu ihr. Sie hat Martha eine warme Milch mit Honig zubereitet und ihr erzählt, dass sie nun die große Schwester werde. Große Schwestern seien ein Segen für die Kleinen – und für die Eltern. Martha erfuhr, dass Edytta auch eine älteste Schwester sei (klar, groß und alt, das gehörte zusammen, da hatte Papa Recht) und ihrer Mutter viel im Haushalt und bei den jüngeren Kindern geholfen habe.

Bis Papa müde und aufgeregt und durcheinander vor Glück zurückkam, hatten sie viel Zeit, sich anzufreunden. Edytta wäre sogar fast auf dem Boden beim Spielen eingeschlafen.

Seit dieser Nacht kann Martha allerdings nicht mehr so gut einschlafen. Sie muss immer daran denken, dass Mama und Papa vielleicht ins Krankenhaus fahren (oder was ihnen noch so einfällt) und dass ihre eigentliche Tochter, die zuerst da war, ganz allein in der dunklen Wohnung bleibt.

Aber vielleicht würde Martha ja schlafen und es nicht merken? Oder besser: Sie würde es merken und zu Frau Witt und Edytta die Treppe hinaufgehen und schellen.

Am besten würde sie dann gleich ihr Kissen mitnehmen und Hans, den fluffigen Hasen, den ihr Mamas Freundin Gerda zum vierten Geburtstag geschenkt hat. Wo das Licht im Treppenhaus anzumachen war, das war babyleicht. Der Schalter leuchtete schließlich.

Also, klingeln und dann sagen, dass man gerne mal vorbeischauen würde und vielleicht ein wenig im Nachthemd an der Ballettstange tanzen.

Edytta, auch sie im Nachthemd, könnte Grießbrei kochen, vielleicht sogar mit Rosinen, trotz der geputzten Zähne, und Frau Witt würde vielleicht komische Sachen sagen, aber wenn man ihre knotige Hand ein wenig streichelte, würde sie Geschichten von früher erzählen: von ihrer Katze, von ihrer Puppe und vom Ballett. Und irgendwann würden Mama oder Papa sich sicher sagen „ach, unser wichtigstes Kind soll unbedingt bei uns sein", und sie würden sie suchen und gleich finden. Und ausrufen, wie froh sie sind!

Martha ist plötzlich so wach wie die Vögel am Morgen. Vorbei ist alle Schläfrigkeit. Eine Idee hat ihr ganz kribbelige Füße und einen wuseligen Bauch gemacht. Sie schlüpft aus dem Bett und in ihre Pantöffelchen, nimmt Hans unter den einen und ihr Kissen unter den anderen Arm, zwängt sich durch den Spalt ihrer Kinderzimmertür, öffnet die Wohnungstür (dazu muss sie das Kissen kurz ablegen) und tappt in den Hausflur. Hans mit seinem gestopften Kopf muss den Lichtschalter andrücken, und schon macht sich Martha auf den Weg nach oben. Die Wohnungstür kann sie nicht schließen; sie hat jetzt keine Hand mehr frei. Die Stufen knarren unter ihrem Gewicht längst nicht so wie mit Papa zusammen. Aber hoch sind sie, und oben angelangt ist Martha doch ein wenig aus der Puste. Mit vollen Armen und ohne eine Hand am Geländer war das ein mühseliger Weg. Hans muss mit seinem Kopf und den Schlappohren die Klingel betätigen. Martha schiebt ihn fest dagegen.

Sie ist ein wenig aufgeregt. Edytta wird überrascht sein, aber sicher hocherfreut. Immerhin sind sie seit der Geburt der Zwillinge alte Bekannte.

Edytta hat alle Spielsachen ansehen und sogar anfassen dürfen, und Martha hat ihr angeboten, sich etwas auszuleihen, sollte es ihr mit Frau Witt langweilig werden.

Martha hört schlurfende Schritte. Edytta öffnet die Türe und entfernt die vorgelegte Kette. Sie braucht eine Weile, bis ihre nach unten wandernden Augen Martha gefunden und erkannt haben.

„Oh, Martha, Kind, was machst du denn hier?", fragt sie.

Martha findet, das klingt ermutigend. „Ich kann nicht schlafen", antwortet sie wahrheitsgemäß. „Und ich bin so allein. Meine Eltern sind wahrscheinlich gar nicht da." Das ist kaum geflunkert, denn Martha konnte sie nicht sehen. Und nur noch sehr leise hören.

Von hinten fragt Frau Witt, wer denn da so spät noch gekommen sei.

„Die Kleine von unten!", ruft Edytta ins Wohnzimmer hinein.

„Na, so was!" ruft Frau Witt zurück. „Komm und sag mir gute Nacht, Martha!"

Martha huscht an Edytta vorbei zu Frau Witt. Die hält ihr eine silberne Schale mit Pralinen hin.

„Jetzt musst du aber schlafen", sagt Frau Witt und nimmt selbst auch eine. „Vom Schlafen wächst man. Und von einer Praline schläft man gut!"

Martha findet die Praline ein bisschen bitter, die schmelzende Schokolade fühlt sich aber ziemlich tröstlich an.

Und dann gähnt Frau Witt herzhaft und schickt sie mit Edytta wieder hinunter. An der Tür begegnet ihnen schon Papa, der sich gerade auf den Weg machen wollte, sie zu suchen.

„Da ist ja meine große Tochter", sagt er und schnauft erleichtert. „Ich dachte schon, sie wollte uns mit den kleinen Quälgeistern allein lassen."

Als er ihr die Bettdecke um die Schultern steckt, hat sich die Praline schon einschläfernd und süß in Marthas Bauch ausgebreitet.

Mama schaut auch bei ihr herein; sie bringt den Duft von Babys und genug übriggelassene Küsse mit. „Träum was Schönes", flüstert sie. „Und wenn was ist, kommst du zu uns. Immer, hörst du?"

Martha begräbt eine Meise

Natürlich kennt Martha tote Tiere. Fliegen zum Beispiel. Sie liegen auf dem Rücken mit gefalteten Beinen, nachdem sie vorher jeden verrückt gemacht haben.

Einmal gab es einen vertrockneten, platten Frosch im Rinnstein, den Martha aus der Nähe inspizieren konnte, und auf der Schnellstraße sieht sie manchmal überfahrene Igel. Dann schaut sie rasch weg. Jetzt liegt ein lebloser Vogel auf der Wiese, dem der Kopf fehlt.

„Oh", sagt sie, „au" und „igitt"; der Hals ist nur ein blutiger, kleiner Stumpf. Puh. Martha hält erschrocken die Hand vor den Mund.

„Die Katze vom Nachbar, wahrscheinlich", sagt Mama, nimmt einen Spaten und sticht eine Mulde aus, legt den Vogel hinein und lässt Martha ein wenig Erde darüber häufeln.

„Dass sie Vögel jagen müssen, verstehe ich ja. Aber sie könnten sie wenigstens ganz auffressen."

„Bestimmt schmeckte er nicht so gut, wie sie dachte", sagt Martha und schüttelt sich. „Wir brauchen noch einen Grabstein. Da musst du drauf schreiben, wer gestorben ist. Und wer traurig darüber ist."

Damit kennt sie sich aus. Papas Mutter, Oma Nele, die sie nie kennengelernt hat, liegt unter einem solchen Stein. Martha hüpft manchmal ein wenig darauf herum, wenn Opa Kurt Unkraut zupft.

Als Mama mit einer Schieferschindel und der weißen Kreide wiederkommt, mit denen sie sonst ihre Pflanzen kennzeichnet, liegen ein paar Stiefmütterchen auf dem Grab.

Mama runzelt die Augenbrauen. „Die gehören Frau Witt, und die hätte sich daran noch lange freuen können. Jetzt verwelken sie", sagt sie.

„Ach, Frau Witt. Die kommt doch gar nicht mehr in den Garten, mit ihren kaputten Beinen." Martha winkt ab, ist aber doch geknickt, als Mama mahnend „also, Martha!" sagt. Weil jetzt auch die Blumen sterben müssen. Martha kann den süßen, feuchten Duft der Blüten noch in ihrer Hand riechen.

Die greise Frau Witt, ihre Nachbarin und Vermieterin, wohnt unterm Dach; Papa und Martha besuchen sie manchmal. Dann darf Martha an ihrer Ballettstange vorm Spiegel üben, während Papa der alten Balletteuse Gedichte vorliest.

Allerdings wird Martha niemals eine gute Tänzerin und schon gar nicht so berühmt wie sie; das hat Frau Witt mit kritischem Blick und ein paar hingeworfenen Bemerkungen längst durchblicken lassen. Sie werde auch nicht alt, hat Frau Witt zu Papa gesagt. Aber nicht sich selbst hat Frau Witt damit gemeint. Warum auch? Sie ist es ja schon. Vielleicht war sie schon immer ziemlich alt. Und das kann langweilig werden, wenn man nicht herumspringen kann. Und nie von den Eltern mit Kitzeln und Schmusen ins Bett gebracht wird.

Wie sie mit Edytta, ihrer Pflegerin, spricht oder von vergangenen Zeiten erzählt, das klingt jedenfalls ziemlich schlecht gelaunt. Nein, dass sie nicht alt werde, das galt Martha. Aber natürlich wird Martha nicht alt, das weiß sie ja selbst. Sie kann gar nicht alt werden. Oder frühestens nach hundert Jahren.

Älter ist sie freilich schon. Älter als Max und Ella, ihre Geschwister. Die Zwillinge bleiben immer vier Jahre jünger als sie. Das weiß Martha längst. Jedenfalls ist sie Kind – von Papa und Mama.

Und wenn sie genau überlegt, kennt sie keine alten Kinder. Die bleiben jung und sterben tun sie auch nur, wenn gar niemand auf sie aufpasst. Man darf nur nicht beim Hüpfen auf dem Bürgersteig auf drei Ritzen zwischen den Kästchen hintereinander treten. Dreimal hintereinander auf Ritzen treten ist tödlich, sagt Hannes. Und natürlich Rauchen! Rauchen macht alt; es stinkt und lässt Menschen vor Husten sterben. Das predigt Mama manchmal. Papa nickt dann ergeben und drückt den Zigarillo wieder aus. Aber Martha hat schon gesehen, wie Papa aus dem Fenster vom Abstellkammerklo auf der halben Treppe geraucht hat. Und noch wirkt Papa ziemlich lebendig.

Eigentlich hat also Frau Witt hiermit Recht gehabt: Martha wird wahrscheinlich nicht alt. Darüber hätte Papa sich lieber freuen sollen, anstatt so entsetzt zu reagieren.

Papa hat gemeint, heute sei die Wissenschaft schon ziemlich weit und könne kleinwüchsigen Menschen sehr gut helfen. Martha will aber nicht, dass ihr jemand hilft, jedenfalls nicht beim Altwerden. Damit hat sie es kein bisschen eilig. Welchen Vorteil soll das, bitte schön, haben?

Und das mit den viel zu großen Organen im viel zu kleinen Körper verstehe, wer will. Da irrt Frau Witt sicher. Woher will sie wissen, wer welche Organe in seinem Köper hat und wie groß die sind. Die hat ja keine Augen, mit denen sie in Menschen reingucken kann. Oder wie die Ärztin von Mama mit dem Ultraschallgerät.

Wenn Martha an Mamas Bauch denkt, kurz bevor die Zwillinge kamen! Martha hätte sich bei Regen darunter stellen können und wäre nicht nass geworden. Und als sie auf die Welt kamen, waren die zwei Purzelchen so winzig wie nackige Hamster, und niemand war das kleinste bisschen tot. Im Gegenteil. Leben in der Bude, nannte Papa das.

Mittlerweile hat Mama ‚Ein letzter Gruß an die Meise, gest. im Oktober, von Martha‘ auf den Schiefer gekritzelt.

„Wann sie geboren ist, wissen wir ja nicht, sagt sie versonnen. Vielleicht war sie ja schon alt, sonst wäre sie der Katze sicher entkommen.“

„Ist man froh, wenn man sterben kann, wenn man alt ist?“ Martha denkt dabei an Frau Witt und nimmt sich vor, diese beim nächsten Treffen selbst einmal zu fragen. Mama zuckt die Schultern. „Manche Menschen schon“, sagt sie. „Andere nicht. Die wollen nicht sterben.“

„Hm.“ Martha will noch mehr wissen. „Hat Papa in seinem Bauch große Organe?“ Mama schaut sie nachdenklich an. „Meinst du wegen des Bierbauchs?“, fragt sie. „Der ist doch schon viel kleiner geworden, seit Papa mit Max und Ella jeden Nachmittag spazieren geht.“

„Frau Witt hat gesagt, wenn man keinen Platz für große Organe hat, wird man nicht alt“, erklärt Martha geduldig. „Wär doch prima, wenn Papa und du und ich und meinetwegen auch Max und Ella niemals alt würden, was meinst du?"

Martha sieht in Mamas Gesicht Lächeln und Schmerz und Zorn miteinander streiten. Mit Wucht rammt die Mutter den Spaten in den Boden. Ein Maßliebchen muss dran glauben. Martha hebt es auf und legt es mit stillem Vorwurf aufs Meisengrab.

Doch Mama hat dafür keinen Blick. Sie geht in die Knie, um Martha ansehen und an den Schultern halten zu können. „Hör mal, Martha", sagt Mama eindringlich, „niemand weiß, wie lange wir leben und wie alt wir werden, niemand. Alle Lebewesen werden geboren, wie sollten sie sonst da sein? Und alle müssen sterben, sonst wäre für die neuen Lebewesen nicht genug Platz. Und die Zeit dazwischen, das ist die Zeit, wo du lebst. Und ob sie lang ist oder kurz, Hauptsache ist, du hast jemanden lieb und der dich, und du machst Freude und erlebst Freude. Verstehst du das?"

Martha nickt. Eigentlich ist sie in Gedanken schon woanders. Vielleicht weiß Mama ja auch das: „Kriegt die Meise im Himmel eigentlich ihren Kopf wieder?"

„Mm." Mama zieht den Spaten aus der Erde und schüttelt nachdenklich den Kopf. Martha lässt den Kopf hängen. Also nicht.

Mama wuschelt ihr durchs Haar. „Das ist nicht so leicht zu verstehen", sagt sie. „Es hat was mit der Seele der Lebewesen zu tun. Die fliegt in den Himmel. Der Körper darf auf der Erde bleiben und nach und nach wieder zu Erde werden."

Aha. So ist das also. Allmählich ergibt alles ein Bild. Beim nächsten Besuch wird Martha es der griesgrämigen Frau Witt haargenau erklären. ‚Die Seele', wird sie ihr sagen, ‚ist nämlich ein sehr kleines Organ. Es passt in jedes Lebewesen, und sie kann in den Himmel fliegen, wenn sie mal von allem genug hat. Auch, wenn der Mensch, in dem sie aufbewahrt ist, keine nützlichen Beine mehr hat.' Davon muss Frau Witt einfach gute Laune kriegen, da ist sie sicher.

Martha will hoch hinaus

Martha streckt ihre kurzen Arme; sie will den Kinderwagen mit Max und Ella schieben. Ihre Hände reichen so gerade eben bis an die Stange. Dabei ist sie schon sechs. Robert von nebenan ist erst vier – und kommt viel leichter dran.

Ihre Mutter stellt sie resolut auf das Brett, das sie am Zwillingswagen in Reifenhöhe angebracht hat, damit Martha nicht laufen muss, wenn es flott gehen soll. Heute soll es das. Mama zieht rasch an ihrer Nachbarin Frau Witt vorbei, die am Rollator geht und mit ihrer Pflegerin Edytta beim Einkaufen war, und winkt ihr nur zu.

Frau Witt mag Kinder nicht besonders. Das hat Martha schnell gemerkt. Zu den erst zweijährigen Zwillingen spricht sie mit hoher Stimme, obwohl die sie noch gar nicht verstehen. Zu Mama ist sie höflich, aber nicht so freundlich wie zu Papa. Wenn sie sich mit Mama unterhält und kein Wort an Martha richtet, sie nicht einmal richtig anschaut, wird die ganz zappelig.

Diesmal haben sie zum Glück keine Zeit für Frau Witt, denn sie müssen pünktlich in die Sprechstunde zu Doktor Pfahl. Und das ist mit drei Kindern kein Vergnügen, das hat Mama jedenfalls zu Papa gesagt. Anziehen, ausziehen, den Clown spielen, trösten, wie eine Zirkusdompteurin käme sie sich vor. Papa hat einen belustigten Blick auf Martha geworfen, die sich heute in ihr Bärenkostüm von Karneval gehüllt hat, und gemeint, Zirkus sei mal eine wirklich gute Idee.

Dann verschwindet er mit den Augen in seiner Aktentasche. Er ist heute Gedichte-Professor, Lürick*, nennt er das, für ein paar

Studenten und viele Studentinnen. Zweimal in der Woche geht er für ein paar Stunden an die Uni; dann riecht er nach Rasierwasser, hat eine Krawatte um, und Mama kann sehen, wie sie mit allem klarkommt.

Mama hört sich so an, als fände sie Dichten und Studenten unterrichten heute auf keinen Fall so wichtig, wie pünktlich beim Kinderarzt zu sein. Papa soll Martha schleunigst dabei helfen, das Bärenkostüm aus- und etwas Vernünftiges dafür anzuziehen, während sie selbst Max und Ella fertig macht.

Bei Dr. Pfahl gibt es reichlich Spielzeug, Bücher und Malsachen. Mama beschäftigt die lebhaften Zwillinge, und Martha malt. Lila, Gelb und Grün sind noch spitz und gehen am besten.

Ein Paar mit einem Säugling flüstert. Martha hat gute Ohren. Ein Wort gefällt ihr besonders. Lili Putz*, wie lustig das klingt! Ein blondes Mädchen lehnt sich an seine Mutter und fragt, warum denn Martha soooo aussähe. Die Mutter legt den Finger auf die Lippen und schüttelt den Kopf. Das Mädchen hält die Hände vor die Augen und lässt kleine Lücken zum Spähen. Martha streckt ihr die Zunge heraus. Natürlich nur zum Spaß.

Mama schaut von dem Bilderbuch auf, das sie den Zwillingen gerade zeigt. Sie unterdrückt ein Schmunzeln. Dann wackelt sie aber mit dem Zeigefinger: Vorsicht, sonst raucht's, heißt das. Rasch hält Martha ihr hin, was sie gemalt hat.

„Das ist meine allerneuste Freundin", erklärt sie. „Die ist riesengroß. Sie kann zaubern. Und fliegen."

„Was für hübsche Flügel sie hat! Wie heißt sie denn?", fragt Mama. Martha muss nicht überlegen. „Lili Putzig", sagt sie blitzschnell, und dann werden sie schon zu Dr. Pfahl hereingerufen.

Martha soll sich ausziehen und an ein senkrechtes Holzbrett mit Strichen stellen. Sie reckt sich auf die Zehen und macht ihren Hals lang, aber nur geheim. Der Arzt drückt sie sanft herunter und legt ihr ein Lineal auf den Kopf. Mama sieht gespannt hin. Marthas Herz klopft. Selbst die Zwillinge sind still.

„Ziemlich genau ein Meter", sagt Dr. Pfahl. „Damit liegen wir ungefähr 15 cm unter der Norm. Das Gewicht des Kopfes belastet die Gelenke. Martha muss sich viel bewegen, am besten wäre mehrmals in der Woche orthopädische Gymnastik."

Und dann schnappt er sich die beiden zappeligen Kleinen, und Mama hat zu tun, bis die sich gerade hinstellen und messen lassen. Martha drückt sich an Mamas Bein und hält die Luft an.

„Na, so was, der kleine Max ist aber gewachsen! 86 cm. Und Ella auch! 84 cm. Nächstes Jahr um diese Zeit werden sie wahrscheinlich ihre Schwester überholt haben. Na, Kindchen, nicht traurig sein, die große Schwester bleibst du auch dann", fügt er rasch hinzu, als Martha mutlos den Kopf hängen lässt.

Dann schiebt er die zwei Kleinen zu Mama, die ihre warme Hand zwischen Marthas Schulterblätter unter den Pulli geschoben hat, und ist plötzlich ernst. „Frau Muth, haben sie sich schon Gedanken gemacht, in welche Schule Martha gehen soll? Wo sie gefördert und nicht gehänselt wird?"

Und dann reden sie über Sachen, die Martha nicht versteht. Mama putzt sich ein paarmal die Nase, obwohl sie nicht erkältet ist. Martha sei ein kluges Mädchen mit viel Phantasie und rascher Auffassungsgabe. Sie zeigt Dr. Pfahl das Bild, das Martha gemalt hat. Er schreibt Mama eine Telefonnummer auf, unter der Papa und sie sich Rat holen können, und dann drängen die Zwillinge hinaus und fallen in das Wartezimmer ein, das jetzt voller Eltern und Kinder ist. Die Sprechstundenhilfe ruft schon die nächsten herein. „Frau Kunst mit Jennifer bitte!"

Das blonde Mädchen vom Wartezimmer und seine Mutter sind an der Reihe. Frau Kunst legt die Zeitschrift zurück und prüft sich sorgfältig im Spiegel. Jennifer nutzt den Moment, um Martha eine Grimasse zu schneiden. Eine fürchterliche, vor der Martha am liebsten davonlaufen möchte. Das fremde Mädchen schiebt den Unterkiefer vor und reißt sich mit den Zeigefingern die Mundwinkel auseinander, zieht mit den Mittelfingern Unterlider nach unten, klemmt den Kopf zwischen die Schultern und wackelt damit hin und her, wobei sie mit den Augen gefährlich schielt. Mama, die gerade die Anoraks von der Garderobe nimmt, guckt sehr streng. Vorsicht, Jennifer, sonst raucht es nicht nur, sondern knallt auch noch, bedeutet das. Die Zwillinge fegen unbeeindruckt die Bilderbücher vom Kindertisch.

Martha presst das Bild mit der Zauberin Lili an die Brust und kneift fest die Augen zu, bis sie nur noch Blitze sieht. Sie wird sie erst wieder öffnen, wenn der Spuk vorbei und das Mädchen mit dem Namen Jennifer im Sprechzimmer verschwunden ist. Wie furchtbar hässlich sie plötzlich war.

Martha wünscht sich, Papa hätte sie gesehen. Nie wieder würde er behaupten, wenn Martha oder Mama sauer guckten, sähen sie aus wie Hexen.

Zwar sind Marthas Haare widerspenstig und borstig und das Mädchen hat Locken, die hell schimmern. Aber wie sie sich um das Gesicht herumlegen, erinnert Martha an den Rahmen von Oma Ilses Flurspiegel: Der ist so schön golden und fein geschwungen, dass er das, was einem daraus entgegenschaut, schäbig und armselig aussehen lässt. Mama müsste jetzt zu Frau

Kunst auf der Stelle laut sagen, dass ihr Kind das schlimmste von der Welt ist. Und das hässlichste!

Aber Mama zieht eilig die Zwillinge an und setzt sie resolut in den Kinderwagen. Sie drängt nach draußen. Auf einer Bank öffnet sie die Keksdose. Sie hat auch zu trinken mitgebracht. Die Zwillinge schlafen ein. Martha streichelt ihnen die Füße.

„Deine Lili Putzig", sagt Mama und streicht Marthas Bild glatt, „gefällt mir gut. Sie sieht aus, als wenn sie solche Scheusale wie Jennifer in einen Stein verzaubern könnte."

„Kann sie", antwortet Martha bestimmt. „Sie kann alles. Auch fliegen." Dann überlegt sie eine Weile. „Ich werde Doktorin für Kinder. Nur für so nette wie Max und Ella. Aber gemessen wird bei mir nicht."

Mama nickt zustimmend und wischt sich Krümel vom Mund. Sie sieht aus, als könne sie sich das sogar sehr gut vorstellen.

Wenn nachts die Puppen tanzen

Papa macht leise die Tür zu. Als ob er Martha nicht wecken wolle. Dabei ist an Schlaf nicht zu denken! Neben Marthas Bett, zwischen Wand und Nachttischchen, steht ihre Schultüte, lila schimmernd und verschlossen. Morgen ist der erste Schultag. Papa hat gemeint, Martha dürfe schnuppern und raten – aber nicht reingucken.

Martha kann zwar mit fest zusammengekniffenen Augen auf Schrittplatten gehen, ohne auf die Kanten zu treten. Aber hellsehen, was in der Schultüte ist, deren Rosette aus Krepppapier mit einem Bändchen zusammengebunden ist, das kann Martha nicht. Spitz wie der Hut eines Zauberers ist das Ding; kein Wunder also, wenn der Inhalt Geheimnis bleibt. Hoffentlich hat Mama keine dicke Pampelmuse reingelegt, die kaum Platz für was anderes lässt. Martha hofft auf Süßes und wünscht sich eine neue Kasperlpuppe*.

Kasperl und Großmutter hat sie schon, auch ein Krokodil, den Seppl, den Polizisten, den Papa „Herr Wachtmeister" nennt, eine Prinzessin und die Gretl. Sehr dringend benötigt sie allerdings die gierige Hexe. Den polternden Räuber. Den giftigen Zauberer. Und den gnadenlosen Teufel. Damit mal Rabatz* hinter die Vorhänge kommt.

Mama findet Verhexen und Verkloppen nicht so gut! Papa dagegen sagt, ab sechs kann man sich ruhig mal gruseln. Er spielt für Martha und ihre beiden kleinen Geschwister oft Theater: Alle Figuren vertragen sich allerdings bestens und halten gegen die Bösewichte fest zusammen. Der Unhold ist immer ein Kochlöffel, um den Papa ein Küchentuch gewickelt hat. Das sieht aber höchstens nach Vogelscheuche aus. Besonders, wenn das viel zu brave Krokodil daran zerrt, um dem Wachtmeister beizuspringen.

Was wird das ein herrliches Hexen-Höllen-Hotzenplotz-Theater, wenn sie erst richtige Scheusale hat! Marthas Herz klopft aufgeregt und ihr wird heiß. Sie ist besorgt. Nicht nur wegen der Überraschung in der Schultüte. Auch wegen der Schule, in die sie ab morgen gehen wird.

Was, wenn keiner sie leiden kann und sie gehänselt wird, weil sie so klein ist und ein bisschen anders aussieht als die anderen Kinder? Wenn sie sich daran erinnert, was ihr der freche Lars hinterhergerufen hat, als sie mit ihrem jüngeren Freund Robert vom Spielplatz nach Hause gegangen ist, wird ihr immer noch ganz mulmig.

„Aufgepasst! Krötenwanderung! Nicht drauftreten!", hat er geschrien und mit dem Finger auf sie gezeigt. Fingernagelklein und krötenhässlich hat er sie gemacht.

Zuhause hat Mama sie getröstet und ihr einen Trick verraten: tapfer stehen bleiben, dem Angreifer gerade in die Augen gucken. Und mal höflich fragen, ob er sich wohl sehr toll vorkäme.

Martha hat das mit Mama geübt und dabei herausgefunden, dass grimmig Anfunkeln und Hände in die Seiten stemmen besonders wirkungsvoll sind. Mama hat gezittert, so beeindruckt war sie. Zur Not könne sie auch die Augen verdrehen, bis man nur noch das Weiße sieht, hat Hannes, Roberts großer Bruder, gesagt. Und dabei „Mörder!" röcheln, als wenn sie stürbe. Papa hat sich vor Schreck verschluckt.

In der Wohnung ist es jetzt still. Die Eltern scheinen schlafen gegangen zu sein. Martha blinzelt ein letztes Mal zur Schultüte hin. Die gibt nichts preis, glitzert nur so ein bisschen vor sich hin im fadendünnen Lichtstrahl, den die Straßenlaterne durch den Fensterladen schiebt. Martha klimpert mit den Lidern. Sie seufzt und gähnt. Heute fällt das Einschlafen schwer. Die Füße kribbeln und zappeln, und außerdem rumort es in Marthas Bauch. Oder von woher kommt das leise Knurren? Das heimliche Wälzen? Das anschwellende grimmige Brummen? Das Scharren und Knistern?

Martha zieht sich schnell die Decke über den Kopf und liegt stocksteif da. Ohren zuhalten und Atem anhalten. Und sich kein bisschen anmerken lassen, dass man da ist! Also bleibt sie ganz still; wenn bloß ihr Herz nicht so hämmerte.

Wie schrecklich, dass sie gerade jetzt mal muss. Wenn sie aufsteht, ist sie verloren. Und wenn sie um Hilfe ruft, hat er sie, der Wer-auch-immer*, der unterm Bett wartet. Kriegt er ein Bein von ihr zu fassen, zerrt er sie unters Bett. Er wird sie beißen, Stücke aus ihr reißen und sie nie und nimmer mehr entwischen lassen.

Ob der unter ihr schwarze Hörner hat und mit orangeroten Flammen zündelt? Es riecht schon ein bisschen verkokelt, oder? Oder ist es einer, der Menschen in Tiere verzaubert? Sie vielleicht in eine Kröte verwandelt, die es niemals über die Straße schafft?

Martha kann genau spüren, wie weh es täte, wenn Lars mit dem Roller über ihre kleinen Krötenzehen führe und sie zu Brei quetsche. Mama und Papa würden ihre Rufe nicht hören, würden sie so nicht einmal wiedererkennen. Keine Zerrimonie* zur Beerdigung, nicht mal das.

Martha kommen die Tränen. Eine bucklige alte Hexe würde es kaum unters Bett schaffen, oder bohrt sich die warzige Nase gerade durch die Matratze? Schmatzt und sabbert sie nicht schon in der Vorfreude auf einen leckeren Braten? Würde sie die Zwillinge Max und Ella wie Hänsel in den Käfig sperren und von Martha-Gretel anfüttern lassen?

Martha schluchzt. Aber vielleicht, tröstet sie sich, vielleicht ist es nur der bärtige Kerl mit dem Räuberhut, der es nicht auf das Leben von Kindern, sondern auf ihre schönsten Schätze abgesehen hat? Der würde sich vielleicht mit der Schultüte zufriedengeben. Zur Not könnte er ja auch Max' und Ellas Spielsachen mitnehmen. Immer noch besser, als gefressen, verhext, verzaubert oder in der Hölle geröstet zu werden.

Martha muss jetzt sofort atmen, sonst erstickt sie. Sie hebt die Decke ein bisschen an. Im Zimmer ist es finster, nur der eine dünne, straff gespannte Lichtfaden von der Straßenlaterne ist immer noch da und lässt die Dunkelheit umso lauernder wirken.

Martha kann das Pipi nur mit Mühe einhalten. Wenn sie ins Bett macht, läuft es auf den Räuber oder den Teufel, die Hexe oder den Zauberer in ihrem Versteck unter ihrem Bett. Deren wilde Wut oder schlimmer noch: ihr gehässiges Gelächter mag sie sich gar nicht ausdenken! Mama würde außerdem glauben, dass sie noch nicht schulreif ist. Schleife binden und zum Klo gehen, das muss man zur Einschulung können, haben sie und Dr. Pfahl gesagt.

Das Pipi drückt nun sehr. Gleich kommt es zu den Augen und den Ohren heraus. Marthas Kopf zerspringt fast in dieser Klemme. Sie braucht unbedingt eine rettende Idee. Da fällt es ihr wie ein Blitz ein. Mama und sie haben doch geübt!

Sie wirft die Bettdecke von sich, springt auf und stellt sich im Bett auf, beide Hände in die Hüften gestemmt. „He, du!" sagt sie mit möglichst fester, tiefer Stimme, „ich geh nur mal eben zum Klo. Ich bin so klein wie Däumelinchen, davon wirst du niemals satt. Lars ist viel größer. Er wohnt ein Haus weiter."

Dann fällt ihr noch etwas ein. „Du kannst auch meine Schultüte mitnehmen. Wenn du gerne Obst isst." Das war jetzt richtig schlau. Denn auf Obst hat ja wohl kein Scheusal auf der ganzen Welt Lust.

Und schon springt sie mit einem Satz zur Tür und hinaus. Natürlich wird sie nach dem Klo nicht in ihr Bett zurückgehen. Wäre ja schön blöd. Zwischen Mama und Papa ist zum Glück immer Platz für sie. Mittendrin.

Höher und weiter

Martha malt im letzten freien Eckchen vom Esstisch: Blau für Wasser und Grün und Braun für ein Schiffchen und Schwarz und Rot für die Flagge. Den Totenkopf kriegt sie noch nicht richtig hin. Er sieht wie ein Smiley mit schlechter Laune und Schal aus. Dafür leuchten die fast runden Münzen schön gelb, wie ein richtiger Seeräuberschatz.

Blau muss gespitzt werden, denn Wasser ist sehr viel drumherum. Martha hat Papa mitgeteilt, dass sie lieber erst Seeräuberin werden will und danach Kinderärztin. Papa hat gemeint, Seeräuberinnen wären selten. Eine Seeräuberin sei meist die Frau vom Seeräuber. Martha kaut an Blau. Das schmeckt ein bisschen bitter. Ob Robert als Seeräuber in Frage käme?

„Heute Abend um sieben Uhr kommt ein Interessent für das Angelboot. Hoffentlich nimmt er es gleich mit." Papa spricht mit bitterem Unterton, schiebt seinen Stuhl an den Tisch, faltet die Zeitung zusammen und geht. Im Türrahmen fällt ihm noch was ein. „Hilf Mama gleich beim Abräumen, Martha!" Und zur Spüle hin, wo man von Mama nur die Beine und den Po im Blaumann unten aus dem Schrank rausgucken sieht, ruft er lauter. „Ich muss arbeiten. Ruf besser den Klempner!" Die Ringelsocken und der speckige Overall mit alten Farbspritzern drauf halten einen Moment ganz still. Dann kommt Mamas Kopf ein wenig zum Vorschein, sie fuchtelt mit der Rohrzange, ihre Antwort klingt dumpf und entschlossen. „Du musst heute Nachmittag mit den Zwillingen raus, spazieren gehen! Sonst gibt's hier ein Unglück."

Papa brummt und schließt die Küchentür nachdrücklich. Martha sinnt über das Wort „Unglück" nach. Meint Mama eine Überschwemmung? Wird das Unglück Mama und sie verschonen, wenn sie allein sind? „Reich mir bitte mal die Geschirrtücher von der Heizung zum Aufputzen!" kommt es gepresst aus Mamas Schwitzkasten.

Martha schwingt sich behände aus ihrem Hochstuhl und stopft sämtliche Tücher in den Unterschrank, in dem Mamas Oberkörper stöhnend den Abfluss repariert und eine neue Dichtung anbringen muss. Martha würde darin leicht ganz verschwinden können.

Da hat Winzigkeit einen erheblichen Vorteil, findet sie. Das hat sie Dr. Pfahl auch erklärt, als er ihre Einschulung nach dem Wiegen und Messen schon verschieben wollte. Und immerhin: sie geht ins erste Schuljahr und kann Papas „Annongse"* in der Zeitung lesen, samt der Telefonnummer, die sie aber sowieso auswendig weiß: ‚Gut erhaltenes Angelboot aus 1. Hand zu verkaufen, 350 Euro', hat Martha Papa vorbuchstabiert. Der hat sie erfreut gezaust. Er findet, dass sie ein kluges Mädchen und natürlich Mamas allerbeste Assistentin in fast allen Lebenslagen ist, vor allem, seit sie die pinke Brille hat.

Papa braucht selten eine Assistentin. Ihm hilft man am besten, wenn man ihn ganz in Ruhe lässt. Martha kann nur ahnen, was genau seine Arbeit ist. Papa muss sehr viel denken, und dabei stören Siebenjährige ein bisschen, Dreijährige sehr und Ehefrauen manchmal. Papa verdient Geld mit Schreiben und mit Dichten, aber Abdichten gehört nicht dazu. Er geht zum Denken allein spazieren und schließt sich danach in seinem Arbeitszimmer ein. Oder er angelt. Bisher jedenfalls.

Warum er wohl sein Angelboot verkaufen will, wenn er darüber doch traurig ist? Jetzt gerade kann sie Mama nicht danach fragen, denn Mama dichtet ab. Also räumt sie erst mal das Geschirr vom Tisch in die Spüle. Um überall dranzukommen, muss sie sich ziemlich anstrengen, sogar auf die Eckbank klettern. Das macht sie so geschickt, dass nichts kaputt geht.

Auch Mama ächzt, als sie hervorkrabbelt. Sie stellt einen Eimer unter das Knie des Rohrs und spült die Teller in der Spüle unter fließendem Wasser ab. „Das haben wir gut dicht gekriegt", sagt Mama erfreut, „es landet kein Tropfen im Eimer."

Mama hat früher in einem Gartenbaubetrieb gearbeitet. Da ist sie auf die allerhöchsten Bäume geklettert, höher als ihr Chef, ganz schwindelfrei, mit Gurten und Steigeisen, und hat sie kürzer gesägt oder in großen Stücken umgelegt. Das Fällen der Bäume musste nur sein, wenn die krank waren oder ganz doll störten.

Jetzt ist sie aber selbst Chefbestimmerin und Fachfrau für Baumkrankheiten und kümmert sich drum, dass Bäume gesund werden. Oder gar nicht erst krank. Mama meint, das tut sie viel lieber, besonders seit sie Kinder hat. Sie mag nichts mehr zerstören; sie mag es lieber pflegen oder heilen.

Papa meint, dass Baumfäller sowieso kein guter Frauenberuf sei. Aber das ist Blödsinn, sagt Mama. Martha stimmt zu; schließlich klettern bei den Affen auch Männchen und Weibchen. Vielleicht stammt Papa aber von einer anderen Affenart ab; er hat sehr dünne Arme und Beine. Mama hat tierisch Muskeln.

Robert von nebenan, der erst fünf ist, meint, Mama könne Papa mit einer Hand vom Balkon baumeln lassen, wenn sie wollte, hätte seine Mutter gesagt. Und dass sie das auch an deren Stelle tun würde, bis er um Gnade fleht und freiwillig mehr Hausarbeit macht oder richtig irgendwo arbeiten geht. Mama hat daraufhin einen Hustenanfall bekommen.

Dann hat sie Martha und Robert erzählt, dass sie Papa auf dem Baum kennengelernt hat. Das heißt, Mama hing oben auf einer morschen Kastanie und Papa saß an seinem Schreibtisch im zweiten Obergeschoss und guckte Mama genau ins Gesicht. Zuerst war er erschrocken und hatte mehr Angst als sie, dass sie herunterfällt. Oder dass sie bei ihm einbrechen will.

Martha weiß nicht, ob Mama erst runtergeklettert und dann die Treppe zu ihm hochgestiegen ist, oder ob sie gleich durchs Fenster gesprungen ist. Auf alle Fälle haben die beiden lange zusammen Kaffee getrunken, und Papa, der bis dahin nur einfach ein normaler Mann namens Mathias war, hat ihr vorgelesen, bis sie sich in seine Gedichte verliebt hat. Das erzählt Mama immer mit glänzenden Augen, und dass er den besten Kaffee der Welt kocht und gerne Bäume mag. Dabei könne man leicht vergessen, dass er nicht so praktisch veranlagt ist, außerdem haben es Menschen mit unsichtbarer Arbeit schwerer.

Endlich ist alles Geschirr in der Spülmaschine verstaut, Putzmittel, Eimer und Lappen stehen wieder unter der Spüle und die Werkzeugkiste in der Abstellkammer – klar Schiff machen, nennt Mama das.

Martha malt ein paar Männlein ins Boot. Im Flur hört man Papa mit den Zwillingen, wo er sie in ihre Anoraks sperrt. Er redet so gelehrt mit ihnen, als wenn sie schon zur Universität gingen. Mama hat flott eine Dose mit Keksen und Apfelschnitzen fertig gemacht und reicht sie den dreien raus.

So! Zeit für Martha und Mama, während die Spülmaschine rauscht und Mamas Espresso auf dem Herd zischt.

„Warum verkauft Papa das Angelboot, in dem man so schön auf dem Wasser schaukeln kann, und wer soll dann bitte für den Fisch sorgen?", fragt Martha und knabbert an ihrem Keks. Mama pustet in den heißen Espresso.

„Die Garage muss frei werden für meine teuren Gartengeräte", antwortet sie. „Und das Geld können wir auch gebrauchen. Außerdem hat Papa nicht mehr so viel Zeit wie früher, als die Familie nur aus drei Personen bestand. Und schließlich: Zu fünft passen wir sowieso nicht mehr rein."

So ist das also. Martha malt ihrem Schiff einen Korb an den Mast und lässt dann flott hingekritzelt einen ziemlich strubbeligen Kopf mit pinker Brille daraus hervorlugen.

Mama macht Augen. „Bist du das etwa?", fragt sie. „Ja", sagt Martha bescheiden. „Ich werde nämlich Seeräuberin. Total unschwindelig. Ich habe eine pinke Schatzfindebrille und kann tief ins Wasser gucken, bis auf den Grund, wo das Gold ist. Mein Mann" – sie zeigt auf eine Strichfigur, die auf dem Rand des Bootes zu balancieren scheint – „muss Fische fangen."

Mama nickt. „Alles klar." Sie rundet die Finger zum Fernglas vor ihren Augen und schaut auf Marthas Meer. „Und wer ist der Kapitän?", will sie wissen. „Einer muss schließlich bestimmen, wohin die Fahrt geht."

„Na, wer wohl? Wer am besten sehen kann, natürlich ich!" Martha reißt die Augen ordentlich weit auf und blinzelt kein bisschen.

Martha will ein Pferd

Martha malt ein Pferd. Sie beginnt beim Schweif. Wenn sie beim Kopf anfängt, wird der so unheimlich groß, dass das Blatt für den Körper nicht reicht. Sie spart dafür ein wenig beim Rücken und macht den Kopf etwas kleiner. So passt es. Oma und Opa aus Köln kommen heute zu Besuch. Sie wünschen sich immer selbstgemalte Bilder.

Und Martha wünscht sich dringend ein Pferd. Wie das von Pippi Langstrumpf zum Beispiel. Vom zerkratzten, uralten Doppelschaukelpferd für die Zwillinge Max und Ella, das bei den Muths schon Gnadenbrot frisst, und von Marthas Steckenpferd mit Wollmähne abgesehen, gibt es im Haushalt kaum Pferde. Vor allem nicht drinnen.

In der Garage die Drahtesel, wie Papa sie nennt, sind unlebendig. Außerdem sind Esel keine Pferde. Mamas Sattel und das Zaumzeug, die dort hängen und gefettet werden müssten, sind eher ein Beweis dafür, dass ein Pferd fehlt und darum umgehend benötigt wird.

Dann gibt es noch das Pferd aus grünem Stein, das Papa als Stütze für die dünnen, zerlesenen Gedichthefte nimmt. Und, nicht zu vergessen, das neue Barbie-Pferd, das Robert auf dem Müll gefunden und Martha für einen angekauten Flummiball aufgeschwatzt hat. Es hat nur drei Beine, und da, wo das vierte sein sollte, klebt silbernes Plastikband wie um Mamas Bügelschnur.

Eigentlich wäre das kein Grund, es nicht zu mögen, sondern Mitgefühl zu haben. Aber Barbie ist voll unecht, und das viele Pink macht Mädchen puppig, sagt Mama.

Papa sieht es ebenso, aber der mag sowieso am liebsten Spielzeug aus Stoff, Holz und Eisen. Und Lego. Doch das Legopferd wiederum ist stieselig und eignet sich eher für Ritter.

Mama hatte vor Papa und den Kindern ein Rückepferd*, einen Kaltblüter, der sie erst auf die Idee gebracht hat, Baumkundige zu werden.

Martha darf eines der riesigen Hufeisen des großen Pferdes mit dem vielen Fell an den Füßen für sich behalten, und sie hört die Geschichten davon sehr gerne. Obwohl es natürlich ungerecht ist, dass Mama eins hatte und sie nicht.

Oma und Opa haben damals wohl schon ziemlich viel Geld gehabt. Leider sehen sie keinen Grund, Martha davon etwas abzugeben. Höchstens für ein Falabella*-Pferdchen, wie Opa neulich beschwipst kichernd vorgeschlagen hat. Dann hätte Martha, so klein wie sie ist und wohl auch bleiben wird, eine Chance, ohne Leiter draufzusteigen, anstatt sich nur unter den Pferdebauch stellen zu können.

Papas und Mamas Entrüstung über Opas Hänselei in Ehren, aber eigentlich findet Martha Opas Idee gar nicht so schlecht. So ein Zwergpferdchen wäre Hund und Pferd zugleich. Damit könnte sie ziemlich gut spazieren gehen, den frechen Lars beeindrucken, sich von der Schule abholen lassen, Robert und Hannes dazu bringen, mit ihr draußen zu spielen und sie könnte eine winzige Kutsche dranhängen, falls sie mal sehr gnädig bereit wäre, Max und Ella mitzunehmen.

Martha malt mit fest eingeklemmter Zunge und drückt die Buntstifte heftig durch. Nicht so hingehaucht, sondern so nachdrücklich, wie ihr Wunsch sich anfühlt. Braun, schwarz, grau. Diese Farben sind noch wenig benutzt und riechen gut.

Mama kocht. Sie ist ebenso angespannt wie Martha. Oma und Opa haben sich was zum Essen wünschen dürfen, weil Mama samstags frei hat und Papa sich um die Zwillinge kümmern kann. Die Großeltern haben sich Rheinischen Sauerbraten ausgesucht. Nicht, dass Martha verrückt nach Fleisch ist, aber duften tut es wunderbar.

Mama hat die Schürze umgebunden; sie formt eben die Klöße. Auf dem Herd steht seit zwei Tagen der Rotkohl, und der Apfelkompott ist auch selbstgemacht. Martha durfte die Rosinen waschen und die Lebkuchen zerbröseln, die in der Fleischsauce mitgekocht werden. Gleich muss sie den Malplatz räumen, damit sie den Tisch decken kann. Das Bild ist fertig. Das Pferd braucht nur noch einen Namen.

„Juno", sagt Martha, „es soll Juno heißen." Mama guckt flüchtig. Sie putzt sich die klebrigen Hände an der Schürze ab.

„Soll es denn ein Hengst sein?" fragt sie. „Mir egal", sagt Martha. „Oder ein Wallach. Oder eine Stute. Hauptsache, ich krieg eins."

Mama lässt die Knödelbälle ins kochende Wasser gleiten, und Martha verteilt Geschirr und Besteck.

Papa ist mit den Zwillingen vom Elternmithilfetag aus dem Kindergarten gekommen. Max klettert auf den Hocker am Küchenfenster, Papa hält Ella auf dem Arm. Alle drei schauen zur Straße hinunter.

„Sie kommen", sagt Papa. Die Zwillinge johlen. Mama wischt sich mit der Schürze den Schweiß ab. Danach pappen auf ihrer Stirn Krümel von Klößen und Rotkohl. Es schellt.

Martha nimmt ihr Bild vorsichtig zwischen zwei Finger und überlegt, wann der günstigste Zeitpunkt für ihr Wunschzettel-Geschenk ist. Vielleicht, wenn Oma und Opa den ersten Bissen vom Fleisch probiert haben? Sie sollen nicht nur das Bild loben; sie sollen merken, dass Martha alt genug für ein Pferd ist.

Bevor es endlich soweit ist, hat das Pferd Saucenflecken. Und Martha muss fleißig Antworten wegen der Schule geben.

Die Zwillinge spektakeln mit Opa, Papa versucht, Mamas rote Flecken aus dem Gesicht zu zärteln, und Oma will haarklein wissen, was Mama in die Sauce getan hat, damit sie auch ganz bestimmt keine Kulicken* kriegt.

„Rosinen", sagt Mama. „Und Lebkuchenbrösel. Martha hat mir geholfen."

Mama und Martha gucken sich an. Wir zwei, heißt das. Martha schielt zu Oma. Die kaut konzentriert an einem Bissen Fleisch.

„Sehr schön sämig, die Sauce", sagt Oma und legt einen faserigen Brocken auf den Tellerrand.

„Hervorragend", ruft Opa. „Ganz hervorragend. Und der Rotkohl, aufgewärmt, wie es sich gehört, dann schmeckt er am besten. Wo hast du das Fleisch her? Gibt es hier überhaupt noch eine Pferdemetzgerei? Du hast doch Pferdefleisch genommen?"

Martha hat gerade mit der Gabel eine Rosine durch die Sauce gezogen. Ein Rosinenfischlein im braunen Meer, hat sie gedacht. Papa hatte ihr und den Zwillingen das Fleisch ganz fein geschnitten und eine Landschaft mit Klößen und Rotkohl gemacht.

Die aufgespießte Rosine will soeben mit einem Stück Kloß in Marthas Mund verschwinden, sinkt aber mutlos in die Sauce zurück. Papa angelt mit den Füßen ungeschickt nach seinen Schlappen. Mamas Schultern sind gestrafft. Sie legt ihr Besteck hörbar neben den Teller.

„In Köln gibt's noch eine", fährt Opa fort und zerteilt andächtig einen dampfenden Kloß. „Sie haben auch sehr gute Eselswurst."

Oma putzt Ella mit dem Schlabberlatz die Sauce vom Kinn. Ella protestiert. Max schabt mit dem Löffel Bahnen durch den Rotkohl. Mama schaut beschwörend auf Papa. Der räuspert sich.

„Rind", sagt er, „ich habe Bio-Rind gekauft."

Max kräht nach mehr Apfelmus.

Martha schiebt ihren Teller so weit von sich, wie ihre Arme reichen. Er klirrt gegen die Schüssel mit den Klößen. Ein wenig Fleisch und Sauce rutschen herunter. Mama schließt für einen Moment die Augen und zieht Luft durch die Nase ein.

Martha schluckt. „Mama, essen wir etwa ein Pferd auf?" „Nicht ein ganzes", sagt Opa, „höchstens ein Stück."

„Es ist von der Kuh", sagt Papa, „nicht vom Pferd."

Martha knallt die Arme auf den Tisch, legt ihren Kopf hinein und heult. Sie heult laut.

„Ihr seid so gemein!" Max und Ella schluchzen aufs Geratewohl mit.

Das Blatt mit dem Wunschpferd segelt unbemerkt auf den Boden. Am Abend legt Papa es auf Marthas Bettdecke. Es fühlt sich klebrig und knittrig an.

„Für wichtige Sachen", sagt Papa, „muss man kluge Pläne schmieden und einen langen Atem haben. Und für manches ist nicht die richtige Zeit. Aber davon träumen, das ist jetzt schon erlaubt. Und stell das Hufeisen richtig rum auf dein Regal!"

Martha grunzt. Wie dumm, dass sie nicht vorher daran gedacht hat! Sie wird das Hufeisen mit der Öffnung nach oben aufstellen. Ein bisschen Glück kann nicht schaden.

Nicht nur Papa dichtet

Heute passieren lauter unspaßige Sachen, findet Martha. Zum Beispiel: sich warm anziehen müssen, bevor man zur Schule geht. Außerdem: aufräumen, weil die dreijährigen Zwillinge Max und Ella bei ihr im Zimmer gespielt haben. Und für Papa den Abendbrottisch decken, wenn der mal wieder nicht essen, sondern nur nachdenken und Kaffee trinken kann, weil er seine Gedichte vor der Nase hat.

Mama ist mit Max und Ella im Krankenhaus. Sie kriegen die Pollüppen rausgenommen. Mama hat ihre Älteste gebeten, das Kinderzimmer aufzuräumen, weil sie das nicht mehr geschafft hat, bevor sie losmusste.

Martha hat sich wirklich Mühe gegeben. Vieles passte unter die beiden kleinen Bettchen, und die Kuscheltiere, die nicht mit ins Krankenhaus durften, hat Martha auf ihr eigenes Bett gelegt. Nur aus Fürsorge. Ein flauschiger Dackel ist dabei, mit eineinhalb Schlappohren und einem lockeren schwarzen Glasauge. Seine wollige rote Zunge hängt schräg aus seiner Schnauze. So lächelt er Martha wie um die Ecke an.

„Zu dumm, Armer Wauz, dass du Max gehörst", sagt Martha und kitzelt ihn mit ihrer Nase an der Zunge, „bei mir hast du es viel besser. Ich kümmer mich nämmich."

Sie nimmt ihn mit in die Küche und lässt ihn den Käse aussuchen. Zufällig genau den gleichen wie Martha. Also kriegt er die Stulle geschmiert und für Martha springt auch noch eine raus. Armer Wauz sitzt derweil auf Papas Teller und passt auf, wie sie die Brote in eine Papiertüte packt und aus der Schüssel mit den Martinssachen ein paar Weingummis für ihn mit hinein legt.

Überhaupt: Sie weiß, was Hunde lieben. Zum Beispiel rausgehen. Und darum zieht Martha jetzt die dicken Sachen an, obwohl sie die nicht leiden kann. Es ist nämlich kalt und der Wind pfeift.

„So, und jetzt ab durch die Mitte", flüstert sie Armer Wauz ins halbe Ohr. Das klingt wie bei Mama, wenn sie raus wollen. Nur geheimnisvoller. Martha sagt Papa leise und nuschelig vor seiner geschlossenen Tür Bescheid, um ihn nicht zu stören, und was er zurück brummelt, hört sich beinahe so an, als wenn er Martha einen schönen Abend wünschte.

Also muss sie ihm nicht heimlich die Zunge rausstrecken, wie sie eigentlich wollte. Nicht so freundlich wie Armer Wauz das tut, sondern sauer. Ziemlich stocksauer sogar. Tisch decken und aufräumen, bitte schön, und keine Mama da, wie wär's denn mal mit ein bisschen Zeit haben für sie? Oder mal sagen: „Zum Glück habe ich eine wunderbare Tochter bei mir, wo doch alle sonst weg sind!"

Martha war noch nie alleine im Dunkeln draußen. Mit Robert, dem Nachbarsjungen, würde es vielleicht mehr Spaß machen. Er ist größer und kräftiger als sie, aber er ist erst fünf. Also fast noch ein Baby. Und wenn sie jetzt bei Kurz klingelte, würde Roberts Mutter fragen, ob sie so spät noch ausgehen dürfe. Es sei doch bald Schlafenszeit. Und dann müsste Martha lügen.

Und Lügen haben kurze Beine, sagt Mama. Wie Dackel übrigens auch. Und wer so kurze Beine hat und so winzig ist, wie Martha, der kann – sagt Hannes, Roberts großer Bruder – mit Hut unterm Teppich herlaufen, und keiner sieht ihn.

„Und mit Hund, wenn es ein Dackel ist." Martha kichert über ihren Witz.

Kurz entschlossen packt sie Armer Wauz unter den Arm, hält ihm vorsichtshalber die Schnauze zu und geht sachte durchs Treppenhaus. Sie kennt die knarrenden Stufen. Und endlich ist sie draußen, an der Wohnung von Robert und Hannes vorbei. Sogleich fliegen ihr trockene Blätter ins Gesicht. Die Haustür fällt mit einem leisen Klacken zu, und da weiß Martha, dass sie zwar ans Rausgehen gedacht hat, aber nicht ans Wiederreinkönnen. O je. Da wird sie schellen müssen. Wenn Papa sie überhaupt hört, wird er sicher erstaunt sein, wo sie so dick vermummt noch herkommt.

Aber jetzt ist sie nun mal draußen. Armer Wauz muss sicher mal. Sie hält ihn an der Straßenlaterne ein wenig ab und gibt acht, dass er nicht köttelt. „Siehst du", sagt sie, „es war sehr nötig, rauszugehen."

Zur Belohnung gibt es Weingummis. Der Dackel ist zu aufgeregt, um sie zu futtern. Sie wandern also in Marthas Mund, was die beste Verwendung ist, wenn Martha es recht bedenkt. Ihr fällt es gerade noch ein: Hunde putzen schließlich keine Zähne.

Und dann lässt sie ihn hier und da ein wenig schnuppern. Sonst kommt er ja nie dazu!

Martha beißt in ein Käsebrot. Armer Wauz scheint nicht viel Hunger zu haben, so dass Martha auch noch das zweite essen muss.

Die Laterne wackelt im Wind, und das Licht wirft schwankende Schatten. Die Büsche und Hecken der Nachbarschaft sind Bären und Dinosaurier, und die Bäume, ja, das sind winkende Riesen, die sich bis in den Himmel strecken und bedenklich ihren Kopf wiegen.

„Keine Angst, Wauzilein", wispert Martha. Sie presst das Tier so fest an sich, dass sie sein Herzklopfen spüren kann. „Das ist mein Schulweg. Der kennt mich."

Langsam könnte sie umkehren, denkt sie. Sie muss sowieso mal pullern. Außerdem hat sie Durst. In Papas Schreibzimmer ist das Licht aus. Das Haus steht ziemlich dunkel da.

O je. Wenn Papa schon schlafen gegangen ist? Wie soll sie ins Haus kommen? Martha setzt sich auf die Treppenstufen und schluckt.

Zu allem Unglück denkt sie auch noch an Mama, die so weit weg ist wie die Sonne. Sie vergisst für einen kurzen Moment, dass sie Armer Wauz im Arm hält. Grad ist sie das einsamste Kind auf der Welt, allein und ohne Zuhause.

Aber Wauz ist weich und lässt sich prima kraulen. Dabei kommt Martha eine Idee. „Hallo, du." Sie seufzt. „Vielleicht müssen wir jetzt ausnahmsweise eine kleine Geschichte erfinden."

Die Klingelschilder sind schwach beleuchtet. Martha kann „Muth", ihren Nachnamen, und darüber das Schild von Frau Witt lesen. Beide viel zu hoch. Aber unter ihrem eigenen Namen sieht sie das Schild von Familie Kurz. Dahin fehlt nur ein klitzekleines Stückchen „Tut mir leid, Wauzi", sagt sie, legt schnell den Hund unter ihre Füße, macht sich ganz leicht und drückt die Klingel.

Als die Tür sich summend öffnet, schnappt sich Martha ihre Tritthilfe und schiebt sich in den Hausflur. Armer Wauz wirkt etwas leblos; Martha reibt ihn kräftig.

„Ich muss nötig", sagt sie zu Hannes, der oben in der Etagentür steht. Sie kennt die Toilette wie ihre. Alle Räume im Haus sind in den Wohnungen an der gleichen Stelle. Ihr Begleiter wacht so lange im Waschbecken.

„Guck weg", sagt Martha streng.

Händewaschen mit Hund im Waschbecken fällt aus. Martha marschiert an Hannes vorbei. Im Wohnzimmer läuft der Fernseher.

Hannes schaut Martha fragend an. Martha schaut tapfer zurück und kneift Wauz ein wenig. „Grrr!", macht der da, fletscht die Zähne und schnellt an Marthas Hand forsch auf Hannes' Gesicht zu.

„Boah, Martha", ist alles, was Hannes sagen kann. Prima wenig. Martha sagt „Gute Nacht" und „Danke schön".

Bei ihr daheim, eine Etage weiter oben, muss Martha noch mal klingeln. Zum Glück öffnet Papa, mit einem Butterbrot in der Hand. Sein Blick scheint nicht erstaunt, dass Martha von draußen reinkommt. In Wintermontur und nicht allein!

„Na, du allerbeste Tischdeckerin", sagt er und krümelt ordentlich, „was hast du gemacht?"

Man kann leicht erkennen, dass Papa schnell wieder zu seinen Gedichten will.

„Armer Wauz musste dringend mal raus", sagt sie fest. So richtig doll gelogen ist das schließlich nicht. Eher gedichtet.

Wer mit wem verwandt ist

Robert und Hannes haben eine riesige Schar Omas und Opas.
Da hat jede Oma einen neuen Mann, jeder Opa eine neue Frau.
Und es lebt noch eine Uroma mit einem Uropa. Da gibt es
immer eine Menge Geschenke und viele Geburtstagsfeiern mit
Kaffee und Kuchen. Nachteil: Man muss küssen. Bärtige
Männer, Tanten mit dickem Doppelkinn, auf dem auch stacheli-
ge Hügelchen wachsen. Omas, die einen so an den Busen
drücken, dass man danach schief guckt und anders riecht. Vom
Luft kriegen ganz zu schweigen.

Martha muss mit einer Oma und zwei Opas auskommen. Opa
Kurt wohnt in der Heide auf einem Bauernhof mit Papas Bruder,
Onkel Steffen, und dessen Familie. Opa Kurt ist sehr, sehr selten
bei Martha zu Besuch, weil er eben auf einem Bauernhof lebt.
Er hilft bei den Kühen, bastelt am Haus und kann wunderbar
schnitzen. Sogar Holzschuhe, auf denen er immer geht. ,Schlurf,
schrabb' auf der Erde oder der Wiese oder ,klockediklack' auf
Asphalt. Er wird Martha welche schenken, wenn sie etwas älter
ist, das hat er versprochen.

Seine Frau, Oma Nele, die mal Papas Mutter war, hat Martha
nie kennengelernt. Sie ist gestorben, bevor Papa und Mama
geheiratet haben. Mama erzählt, dass Papa seiner Mutter ganz
ähnlich ist. Sie mochte gerne Bücher, sang und malte und
konnte kein bisschen Trecker fahren oder Kühe melken, weshalb
Opa jemanden einstellen musste, der ihm bei der Arbeit und im

Haushalt half. Mama sagt, er hat seine Frau sehr liebgehabt und war stolz auf sie, aber er konnte sich nicht viel um sie kümmern.

Mamas Eltern, Oma und Opa Köln, haben sich angekündigt. Sie müssen nicht mehr arbeiten; sie haben keine Tiere, keinen Garten und natürlich auch keine Kinder daheim. Da sind nur sie und ein paar Freunde, mit denen sie Karten spielen und wandern gehen. Und weil sie ziemlich viel Zeit haben, rufen sie Mama gern an und geben Ratschläge für das Leben und Wohnen mit Kindern und deren Erziehung; sie wissen sehr gut Bescheid, wie es früher war, und sie kommen am liebsten dann zu Besuch, wenn Handwerkerdreck ist oder die Zwillinge Magen-Darm haben, wenn Papa seine Gedichte pünktlich abgeben muss und Mama ihren fleckigen Blaumann trägt.

Meist schütten sie ihre mitgebrachten Sachen auf den Küchentisch, und während Martha und Max und Ella sich über die biologischen und sehr gesunden Süßigkeiten hermachen, Mama wie verrückt hin- und herräumt, Kaffee kocht und ihre Haare in ein Gummi nudelt, fragen sie Martha ganz komische Sachen, die mit der Schule zu tun haben, und am Ende sagen sie: „Dafür, dass die Klassen heute nur ein Bruchteil so groß sind wie zu unserer Zeit, lernen Kinder erstaunlich wenig. Ist Buchstabieren aus der Mode gekommen? Legt heute niemand mehr Wert auf Rechtschreibung?"

Das ist der Moment, in dem Mama immer laut nach Papa ruft. „Mathias! Wir haben Besuhuch!" Ihre Stimme klingt schrill und ein bisschen so, als wenn sie „Zu Hilfe!" geschrien hätte. Ihre Haare sehen übrigens nun auch für Marthas Geschmack verboten wild aus. Aber die Kaffeemaschine zischt und spritzt, und gerade hat niemand Zeit für Frisuren.

Meist kommt Papa so widerspenstig in die Küche wie Opa Kurts Esel aus dem Stall: als wenn ihn jemand gegen seinen Willen am Hals zöge. Er begrüßt Oma Ilse und Opa Walter und scheint sehr erstaunt darüber, dass sie da sind.

Das Beste an ihnen ist, dass sie Urlaube spendieren, bei denen alle zusammen sein können und man sich ziemlich viel wünschen kann, wofür man mehr Geld braucht, als Mama und Papa zusammen verdienen, selbst wenn Martha ihr Taschengeld dazu gäbe.

„Dieses Mal werden sie mit uns in den Ferien an die Ostsee fahren", hat Mama vorhin erklärt. Papa hat nur eine Braue hochgezogen und dann Zustimmung gebrummt. Martha freut sich. Solange Papa und Mama dabei sind und ihretwegen auch Max und Ella, fährt sie überall hin, wo es Sand und Meer gibt.

Schwierig an Oma und Opa Köln ist manchmal, dass sie nicht gut auf Papas Arbeit zu sprechen sind. „Dichten ist kein Beruf", findet Oma. „Jedenfalls kein Brotberuf für einen Familienvater."

Martha weiß Bescheid. Bäcker backen Brot. Papa dichtet und kriegt manchmal Geld dafür. Damit kann man Brot kaufen. Oder Schuhe, Waschmittel und Eis. Mama verdient auch Geld. Davon kann man die Miete bezahlen. Oder das Auto reparieren lassen.

Papa hat einmal einen Preis bekommen, auf einer schicken Feier. Oma wollte aber nicht mal die Fotos davon sehen und hat nur „tz" und „ffhh" gemacht, und Opa hat so getan, als läse er in Papas Buch, aber Martha hat ihn schnarchen hören.

Oma und Opa werden wieder wissen wollen, was Martha kann. Robert und Hannes dürfen bei ihren Großeltern Kaugummi kauen und die Blasen unter der Nase platzen lassen. Sonst müssen sie nichts können. Sie dürfen bis spät fernsehen, die Kirschen aus dem Kuchen puhlen und der Uroma die Zigarre anzünden.

Mama und Papa finden das nicht gut. Es ist schädlich, sagen sie. Aber sie sind immer sehr nett, wenn sie die Familie Kurz und ihre Verwandten sehen.

Martha seufzt. Sie wird heute wieder vorlesen und rechnen, malen und turnen müssen. Eigentlich macht sie das sogar ganz gerne. Oma und Opa sind dabei so eifrig, als gingen sie selbst noch zur Schule. Und ein ums andere Mal sagt Oma: „Nein, Walter, das Kind ist erstaunlich begabt!"

Und genau so läuft es auch dieses Mal. Nur, dass Opa plötzlich der Oma Aufgaben stellt: „Ilse, ich wette, du weißt nicht, wieviel Sekunden ein Tag hat", und damit hat er recht. Oma nimmt ihre Finger und rechnet und vergisst, Martha weiter zu löchern.

Als Oma es endlich raushat, gibt es Spinat, Kartoffeln und Spiegelei. Nach dem Essen holt Martha mit den Großeltern die Zwillinge vom Kindergarten ab und zeigt ihnen, wo man das beste Eis bekommt. Schließlich gab es heute ausnahmsweise keine Süßigkeiten, sondern nur einen Ferienprospekt mit Strandbildern. Sollen das die Erwachsenen bitte schön selbst zum Nachtisch lesen.

Max und Ella nehmen Oma und Opa in Beschlag. Da kann Martha genüsslich ihre Kugeln schlecken und sich heimlich umschauen, ob der freche Lars heranschlendert oder ihre Freunde Hannes und Robert aus dem Haus sie sehen und Stielaugen machen können. Das wäre nicht schlecht. Der Eisbecher ist heute so groß, dass Martha auch mit drei Kissen unterm Po kaum drüber gucken kann.

Max und Ella drehen voll auf wegen der Großeltern. Ella kann ziemlich auf die Sahne hauen. Sagt Mama jedenfalls. Sie kleckert und schlabbert und prustet und erzählt vom Kindergarten. Oma wischt ihr mit der kratzigen kleinen Papierserviette, die es immer zum Eis gibt, den Mund ab und ist froh, wenn sie von den wibbelnden Beinchen keinen Tritt abkriegt. Max sitzt auf Opas Schoß und führt ihm vor wie er „piu, wumm, oink" eine Truppe Plastikfiguren umgelegt hat. Opas Krawatte ist schon ganz fleckig, und er selbst sieht nicht so aus, als verstünde er auch nur eine Spur von dem Krieg, in den Max verwickelt war. Aber, Hauptsache, Max ist nah und froh. Ja, und jetzt lächelt auch Oma selig. Ella hält ihr die pappige Waffel aus dem Erdbeereis zum Naschen hin. Mit vier hat man bei Großeltern leichtes Spiel, weiß Martha, vor allem, wenn man ein Zwillingspärchen ist. Dann ist man besonders gut verwandt mit Großeltern, scheint ihr.

Leider sind weder Lars, noch Hannes oder Robert in der Nähe, und somit bekommt niemand spitz, was für ein kolossales Eis sie vertilgt hat. Und dass auch sie ziemlich angenehme Verwandte hat. Also können sie jetzt ebenso gut nach Hause gehen.

Martha lässt ihre Hände auf die Oberschenkel klatschen und drückt ihren Rücken durch. Gleich ist sie um eine Kissenhöhe größer. Immerhin, sie wird bald acht. Und wenn man es genau betrachtet, wird es Zeit, ein paar Dinge allein in die Hand zu nehmen.

„Ich fahre nächstes Jahr in den Sommerferien zu Opa Kurt", verkündet sie ganz nebenbei. „Allein. Mama und Papa bringen mich nur hin." Sie rutscht von ihrem Stuhl und stellt sich auf die Zehen. Und siehe da. Max und Ella und Oma und Opa staunen für einen Moment stumm und ehrfürchtig.

Wem die Welt zu klein ist

Mama und Papa winken, nachdem sie Martha zum Abschied geküsst und den Großeltern einen Korb für ihre Große dagelassen haben, dann wackeln sie auf dem Tandemrad mit dem Zwillingsanhänger noch ein bisschen herum – und fort sind sie.

„Na, hoffentlich lässt dein Papa die Mama nicht ganz alleine trampeln", sagt Oma.

Opa sagt „Lass gut sein, Ilse!", nimmt Martha auf den einen Arm und den Korb, den Mama für sie gefüllt hat, an den anderen. Oma zieht einen Trolley hinter sich her. Sie trägt ein Käppi und hält ihren Blick streng auf den Durchgang zwischen zwei Dünen gerichtet.

Martha könnte von Opas starkem Arm aus leicht die anrollenden Wellen mit dem fein gekräuselten Schaum am Strand und die Gasse der Strandkörbe erspähen. Wenn sie nur nicht so wässrig blinzeln müsste. Die Sonne, der Wind, ein Sandkorn in den Augen vielleicht, und, ja, leider, auch: Mama und Papa haben nicht sie mitgenommen. Max und Ella aber wohl.

„Oma und Opa freuen sich, dass sie dich mal für sich haben", hat Mama gesagt. Oma hat von der guten Ostseeluft und von Marthas Atemwegen gesprochen. Und Papa hat seiner Großen etwas ins Ohr geflüstert: Oma und Opa haben die Reise spendiert; dafür ist jeden Tag mal einer von ihnen dran, den beiden eine Freude zu machen.

Heute ist der zweite Urlaubstag. Gestern war Mama dran mit Nettsein. Sie hat mit Papas Hilfe sehr lecker für alle gekocht, während Oma und Opa einen alten Film gucken durften. Opa hat geschnarcht, und Oma hat sich immer wieder die Nase geputzt und „Ach, Gott, ja" gesagt. Martha hat derweil mit Ella und Max Lego gebaut. Obwohl Oma angekündigt hat, nachts vor Bauchweh nicht schlafen zu können, wirkte sie sehr zufrieden. Also, Mama hat ihren Tag gut hingekriegt.

Heute ist Martha dran. Opa eine Freude zu machen, ist leicht. Man liest ihm fünf Minuten vor, schon schläft er ein, und man kann weiterspielen. Mit Oma ist es schwieriger. Man müsste gekämmt sein, vorwärts und rückwärts buchstabieren können und nicht von Papas Gedichten sprechen. Dann bestünde Hoffnung auf Omas Freude.

„Soll ich euch vorlesen?", fragt Martha voller guter Vorsätze, als sie an ihrem Platz mit der Nummer 22 anlangen. Sie hat schon in ihren Henkelkorb geluchst. Ihre Lieblingskekse sind drin, ein feines Märchenbuch, Sonnenschutz, Wäsche zum Wechseln und eine Schüppe, um jemanden bis zur Nasenspitze einzugraben.

Oma hat in ihren Trolley Getränke, Proviant, eine dicke Zeitung, Decke und Handtücher gepackt.

„Kannst du denn schon richtig lesen?", fragt Opa und gähnt. Oma und er klappen den Strandkorb in eine bequeme Position und legen Handtücher hinein. Oma angelt nach dem Sonnenschutz und beginnt, Martha einzucremen.

Martha zwängt sich entrüstet mit dem Kopf durch Omas resolute Arme und funkelt Opa an. „Ich bin längst im Zweiten, Opa. Ich bin die Beste im Lesen!"

Oma lässt sich in den Strandkorb fallen. Martha breitet ihr Handtuch zu Omas Füßen aus, schubbert ihr Hinterteil hin und her, bis eine Kuhle entsteht, bohrt ihre Zehen in den warmen Sand und knabbert Kekse. Dann nimmt sie ihre pinkfarbene Brille, ohne die alle Buchstaben wie Mücken tanzen.

„Däumelinchen, Froschkönig oder Aschenputtel?", fragt sie kauend. Sie weiß, dass man alten Menschen und kleinen Kindern nur eine begrenzte Auswahl anbieten darf. Also nimmt sie ihre Lieblingsmärchen.

Da zeigt Oma aufgeregt in Richtung Meer. Das Wasser leckt gerade in Bögen den Strand herauf, mit perlenden Säumen. Ein paar Möwen streiten sich erbittert um eine fast leere Schale Pommes. Ein älteres Ehepaar mit Collie watet durchs flache Wasser und hinterlässt Ferseneindrücke im Sand.

„Sind das nicht Stolzes?", fragt Oma. „Huhu!", ruft sie, „Walter, halt sie auf, da ist doch auch ihr Hund, das müssen sie sein!"

Opa hat es noch nicht ganz aus dem Strandkorb geschafft, da kommen die fremden Leute schon näher, sie winken und rufen „Na, das gibt's doch nicht! Die kennen wir doch!"

Der Collie rast auf sie zu und stäubt mit übermütig wedelndem Schwanz eine Sandwolke über Martha.

Alle begrüßen sich überschwänglich. Opa und Oma breiten eine Decke aus, auf die sie sich zu viert setzen können.

Der Collie ist eine Sie und heißt Dina; sie kläfft und sabbert und freut sich so laut, dass man zur Beruhigung viel Leckerlis und Kraulen braucht. Oma wischt dauernd den Sand von der Decke, und alle beteuern, wie klein die Welt doch sei. *Wirklich* klein!

Von wegen klein. Das findet Martha nun *wirklich* nicht. Tausendunendlich ist sie, mindestens! Das Märchenbuch ist voll von Geschichten über die *große* weite Welt.

75

Martha vermutet, dass sie heute keine Gelegenheit mehr haben wird, Oma und Opa damit eine Freude zu machen. Da sind ihr Stolzes und deren Hund zuvorgekommen.

Endlich bemerken die, dass Martha auch da ist. Oma stellt sie vor und zieht Martha dabei in den Stand. „Das ist unsere älteste Enkelin Martha", sagt sie. „Die beiden Geschwister, die vierjährigen Zwillinge Max und Ella, machen gerade eine Radtour mit den Eltern."

„Oh", sagt Frau Stolze, die ihre Augen hinter einer undurchsichtigen, riesigen Sonnenbrille überallhin wandern lassen kann, ohne dass jemand weiß, was sie denkt. „Das ist ja nett. Und wie alt bist du?"

„Sieben", antwortet Martha. In Frau Stolzes Sonnenbrille spiegelt sich ein strubbeliges, sehr, sehr kleines Mädchen, dessen Glubschaugen pink umrandet sind. „Ich werde bald acht", fügt sie tapfer hinzu und wünscht sich in einen bunten Fahrradanhänger hinter Mama.

Frau Stolze macht ein Gesicht, als wolle sie eine Muschel aufheben und würde plötzlich entdecken, dass darin noch Glibber hängt. Sie fasst Oma, die gerade mit Opa und Herrn Stolze einem Lenkdrachen zusieht, am Ellbogen. „Sind die beiden anderen Kinder denn *normal*?", fragt sie gedehnt.

Ihre Worte pfeifen durch Marthas Ohren direkt bis in den Bauch hinein und finden den Weg nicht wieder hinaus. Auf einmal ist ihr so eisig kalt, dass sie Gänsehaut kriegt.

Oma runzelt die Stirn; sie schüttelt etwas Unsichtbares ab; es scheint, als haben die Worte auch sie getroffen. Oma stellt sich hinter Martha und hält sie mit vorn überkreuzten Armen fest.

Ganz warm und stark fühlt Martha Oma in ihrem Rücken und die überkreuzten Arme auf ihrer Brust.

Jetzt könnte Oma doch einfach in die Luft über ihnen sagen – natürlich ohne jemanden direkt anzusehen – dass das Meer, ja, oder auch die angeblich kleine Welt, so riesig ist, dass dagegen die meisten Leute nichts als ein Möwenschiss sind.

Endlich findet Oma ihre Stimme wieder. „Walter!" Sie klirrt wie ein Messer auf einem Glasteller und schneidet Opa aus dem Meer- und Möwen-Foto mit Herrn Stolze scharf heraus, „uns wird es hier zu kühl! Wir gehen schon mal vor."

Oma greift nach Marthas Korb, Martha trägt das Märchenbuch. Und weil beide noch eine Hand frei haben, halten sie einander fest. So gehen sie fort, nicht zu schnell; sie laufen nicht davon. Sie gehen auch nicht langsam; sie zaudern nicht, drehen sich nicht um und sprechen nicht.

Opa wird mit dem Trolley nachkommen. Martha wartet, dass das giftige Wort in ihrem Bauch in einzelne Buchstaben zerfällt und wie ein Pups verweht, wenn es keine von ihnen jemals wieder ausspricht.

Sie wird Oma und Opa heute Abend zur Belohnung die Geschichte vom Däumelinchen vorlesen.

Die alte Balletteuse

An dem Tag vor vier Jahren, als das Ehepaar Muth die leerstehende Wohnung im zweiten Obergeschoss besichtigte, ist mir nur der Mann aufgefallen. So ein großer Kerl, wie ein Bär, und doch ganz sanft mit geschmeidigen Bewegungen wie ein Tänzer.

Dafür habe ich einen guten Blick: ich war viele Jahre Balletttänzerin, und keine drittklassige, nein, ich war in unserer Stadt durchaus berühmt. Auch wenn sich das heute niemand mehr vorstellen kann, wenn er mich so im Sessel sitzen sieht, so zeugen doch viele Fotos und Zeitungsausschnitte davon. Es existiert sogar ein Film von mir, den mein Mann auf einer Generalprobe hat drehen lassen!

Die Wohnung haben die Muths bekommen, weil ich den Ehemann mochte, Mathias Muth, so ein schöner Name und der Nachname so wenig zutreffend für diesen schüchternen Mann: ein Dichter und Lyrik-Professor, natürlich mit wenig Geld, wie üblich, wenn einer sich dem Dichten widmet. Die Miete wollte ich natürlich haben, die brauche ich zum Leben, aber ich war ganz sicher, dass sie die Miete zahlen würden, die Frau würde wacker das Geld herbeischaffen.

Sie erschien mir kräftig und willensstark und nicht so empfindsam; schließlich ist sie Landschaftsgärtnerin, eine Baumkundige. Dass die beiden Kinder wollten, haben sie erzählt, aber dass das erste Kind schon unterwegs war, wusste ich nicht. Das Bäuchlein unterm weiten Pullover muss ich übersehen haben.

Ich wollte eigentlich nicht noch mehr Kinder im Haus. Die Familie Kurz mit Robert und Hannes reichte mir schon, aber die wohnen ja unten. Da kriege ich hier oben unterm Dach nicht viel von mit.

Man darf es heute nicht offen sagen, aber ich finde Kinder zum Fürchten. Die meisten jedenfalls. Sie sind laut und fassen alles an, brauchen ständig Aufmerksamkeit und am Ende plärren sie doch undankbar herum. Und sie sehen und spüren alles. Das ist mir nicht geheuer.

Aber der Dichter hatte mich so bittend angesehen! Da haben sie die Wohnung bekommen. Er sah so aus, als würde er einer alten Künstlerin gerne ab und an Gesellschaft leisten. Darin habe ich mich glücklicherweise nicht getäuscht.

Platz ist in der Wohnung genug für eine Familie: es gibt ein Arbeitszimmer, ein Elternschlafzimmer, zwei Kinderzimmer, ein Wohnzimmer und die schöne große Essküche; Flur, Bad und eine zweite Toilette auf der halben Treppe, wie im Altbau üblich. Die Decken sind hoch, man kann viel unterbringen, wenn man die Höhe nutzt.

Das erste Kind kam ein paar Wochen nach dem Einzug der Muths zur Welt. Es ist ein Mädchen geworden; Martha heißt sie; sie war und blieb winzig. Zunächst dachten alle, es läge daran, dass sie zu früh geboren war und sich noch entwickeln müsste.

Aber es ist wohl Veranlagung. Sie ist eine Zwergin, die kleine Martha, und wird immer eine bleiben. Herr Muth und seine Frau Luisa nennen das „kleinwüchsig", aber für mich macht das keinen Unterschied.

Als Martha ungefähr vier Jahre alt war, kamen auch noch die Zwillinge, ein Pärchen, zur Welt. Max und Ella haben schon mit zweieinhalb Jahren ihre Schwester an Länge überrundet und hübsch sind sie auch. Eigentlich wären die beiden ideal – ein Junge und ein Mädchen – und vollkommen ausreichend für Mathias und Luisa. Nach meiner Meinung.

Ich konnte mir ein Leben mit Kindern nie vorstellen; es wäre vollkommen anders verlaufen. Gustav, mein verstorbener Mann, der hätte gerne welche gehabt – wenigstens eins. Aber ob er deshalb weniger gearbeitet und sich ums Kind gekümmert hätte?

Ich hätte jedenfalls nicht im Theater tanzen und bis spät in die Nacht ausbleiben können. Und genau das wollte ich. Nichts anderes war mir je wichtig, nichts sollte mich davon abhalten.

Was die Eltern nicht alles veranstalten für das Kind! Sie sind wie närrisch mit ihr; sie haben ihr ein Hochbett gebaut, unter dem sie spielen kann. Und überall stehen kleine Trittleitern oder Fußbänkchen herum. Das Kind kriegt Kissen unter den Po, wie eine Prinzessin auf der Erbse. Niemals hat jemand so ein Gewese um mich gemacht. Ich musste immer von alleine funktionieren. Dabei war ich hübsch und wohlgestaltet.

Hübsch ist Martha nicht: die krausen Haare stehen widerspenstig vom Kopf ab und die Augen sind nicht rund und niedlich wie sonst bei Kindern, sondern neugierige, neunmalkluge Glasmurmelaugen, die so streng gucken können, dass man sich für seine schlechten Gedanken schämt.

Ob sie meine sogar erraten kann?

Möglicherweise hätte ich es dem Vater nicht sagen sollen, dass so kleine Menschen nicht alt werden. Ihre Organe wachsen und passen dann nicht mehr in den winzigen Körper. Martha wird vielleicht vor ihren Eltern sterben, das sollten die doch wissen, oder?

Aber der Vater hat mir heftig widersprochen, so ungehalten, wie ich ihn noch nie erlebt hatte. Dass die Wissenschaft heute wahre Wunder bewirken kann und vieles davon abhängt, dass Martha gesund lebt, medizinisch betreut wird, sich frei entwickeln darf, Unterstützung bekommt – und dergleichen mehr. Marthas Organe seien allerbestens in Ordnung, vor allem ihre Ohren!

Und dass ich bitte davon ausgehen soll, dass sie alles versteht und gut hört, ja, dass sie ein blitzgescheites, sehr liebenswertes Mädchen sei und ihr Vertrauen ins Leben und die Erwachsenen nicht verlieren darf.

Das war kein Gedicht, das war eine regelrechte Predigt. Sehr deutlich und kein bisschen poetisch, schon gar nicht gereimt.

Ich habe ihn daraufhin länger nicht zu sehen bekommen und irgendwann Edytta, meine Pflegerin, nach ihm geschickt. Das Kind dürfe bei mir zu Musik vor dem Spiegel an der Stange turnen, ich würde es anleiten und wir Erwachsenen könnten uns ungestört unterhalten.

Das war meine Art der Entschuldigung. Meine Güte, es war mehr, als man von mir erwarten kann.

Zum Glück ist er bald wieder zu mir hochgekommen. Und ich muss zugeben, die Kleine ist nicht unmusikalisch und eine kräftige Stimme hat sie auch. Wenngleich ihre Bewegungen nicht anmutig sind, so hat sie doch Rhythmusgefühl.

Und wir können jetzt immer in Ruhe über Gedichte und Literatur sprechen. Er liest mir vor; ich sage neuerdings „Mathias" und „Sie" zu ihm. Und er darf mich „Rika" nennen, natürlich auch mit „Sie".

Mittlerweile fühle ich mich wirklich alt: kann seit ein paar Monaten nicht einmal mehr mit dem Rollator laufen, obwohl meine Pflegerin Edytta mir helfen würde, bei allen Vorbereitungen und mit dem Treppenlift.

Ich sitze in meinem Sessel, den Edytta mir ans Fenster rollt, damit ich die Sonne sehen und die Vögel zwitschern hören kann; im Juni rieche ich auch die blühenden Linden. Und wenn jemand auf der Straße raucht, rieche ich auch das!

Ich tanze immer noch – in meiner Phantasie. Auch in der Phantasie kann man sich anstrengen, die Muskeln spüren, die Schritte genau richtig setzen oder sie verwechseln. In unserer Vorstellung passiert alles, was wir wollen, was wir zulassen und was wir uns wünschen.

Und unser Kopf kann uns auch daran hindern, uns zu erinnern, an unbekömmliche Dinge zu denken. Dann macht unser Verstand einfach eine Tür zu – und das Unangenehme ist wie in einem Verlies eingesperrt.

Bald wird bei mir der linke Fuß operiert. Dann werde ich nicht mehr geradestehen können. Ich war so stolz auf meine schönen, wohlgeformten, schlanken und starken Beine.

Martha, die mit mir weichherziger ist als ich mit ihr, wird mich besuchen, auch allein, wenn der Vater keine Zeit hat.

Zum Glück hat sich herausgestellt, dass sie ein ganz normales Leben führen kann. Ja, das gab es früher nicht. Da hat man die Zwergwüchsigen und die Riesenlulatsche im Zirkus beschäftigt. Heute können sie werden, was sie wollen, wenn sie nur an sich glauben und unterstützt werden.

Wir werden über das Leben sprechen, oh ja, und ich werde ihr viel davon beibringen, wie ich es sehe und erlebt habe.

Sie ist jetzt acht Jahre alt, wird bald neun. Als ich so alt war wie sie, haben sich meine Eltern nach Amerika aufgemacht und mich bei den Großeltern gelassen.

Damals war die Katze Mimi meine Trösterin. Ich höre sie heute noch miauen, ja ich kann fast spüren, wenn sie nachts auf meine Zudecke springt und sich dort eine bequeme Kuhle sucht. Und wenn sie sich in der Frühe wieder aufmacht, um Mäuse oder Vögel zu fangen, fühle ich, wie ihr Gewicht sich wieder entfernt, nehme das leise Tappen wahr.

Sie lebt immer noch mit mir, da kann Edytta sagen, was sie will.

Meine Puppe Magda kann sehr eifersüchtig sein; sie weiß: so wichtig wie Mimi war sie mir nie. Gustav hat sie mir geschenkt. Sie war schön, aber sie war starr und unlebendig. Ich konnte ihr alles erzählen, nichts hat sie ausgeplaudert, aber sich auch niemals an mich geschmiegt und mich gewärmt.

Aber Magda ist ein bisschen wie ich, und sie darf für immer bleiben. Zum Glück braucht sie kein Futter und verunreinigt auch nichts. Edytta hat mit ihr keine Last. Das ist der Unterschied zu mir.

Ich bin sehr wohl eine Last. Das weiß ich. Aber Edytta bekommt dafür Geld und kann damit ihre Familie ernähren.

Ich stecke voller Geschichten, die noch erzählt werden wollen. Edytta muss sie sich anhören, ob sie will oder nicht. Oder Mathias, mein junger Dichterfreund, wenn er mich besucht. Er soll Martha mitbringen, damit sie daraus lernen kann und mich sieht, wie ich war!

Vielleicht kann er ein Buch über mich schreiben, über mein Leben. Mit den Fotos und Zeitungsberichten darin.

Mein Tütü werde ich Martha vermachen. Sonst wird es eines Tages in den Müll geworfen. Undenkbar.

Ich will, dass man sich an mich erinnert.

Martha fliegt die Schultreppe hoch

Musik ist Marthas Lieblingsfach, dann kommt Deutsch, vor allem, wenn es um Lesen und Dichten geht (das ist sie Papa schuldig), und danach Malen, vor allem, wenn sie Tiere oder Bäume malen (darüber freut sich Mama).

Frau Löffler, die das alles unterrichtet und so viel von Tieren versteht wie kaum ein Mensch auf der Welt, ist Marthas Lieblingslehrerin.

Frau Löffler bringt ihr Wissen über Tiere in allen Fächern unter, und vor den Ferien schauen sie immer Tierfilme im Klassenzimmer. Keine mit niedlichen Rehen oder schnurrenden Katzen, sondern mit ganz echten; wie Tiere leben und sich verständigen, wie sie leiden, sich freuen und welche Eigenschaften jede Art so besonders sein lassen.

Alles schön und gut, aber seit sie den Film über die Kängurus gesehen haben, kriegt Martha keine Ruhe mehr. Mia und Lena, zwei Mitschülerinnen, wollen unbedingt mit Martha Kängurufamilie spielen. Martha soll natürlich das Baby sein, das mal von Mia, mal von Lena getragen wird.

Martha wäre also ihr Junges, das vor den Jungs geschützt werden muss. Eigentlich werden sie wegen der begehrten Martha-Beute von Jägern gejagt. Wollen sie in ein anderes Eckchen auf dem Schulhof fliehen, weil dort weniger Gefahren lauern, schleppen sie Martha dorthin. Schlimmer noch: Sie hoppeln mit ihr. Martha schreit.

Sie hat Angst, herunterzufallen, ihr Kopf wird beim Hüpfen hin und her geruckelt, das will sie nicht. Sie will es nun mal nicht! Die Jungs lachen.

Eigentlich sind Mia und Lena nett und lustig. Sie spielen schön, zum Beispiel, dass man eine Tierfamilie ist. Vor ein paar Wochen durfte Martha bestimmen. Da traf es sich gut, dass sie einen Film über Katzen gesehen hatten. Katzen dürfen kratzen, miauen, fauchen, Mäuse schlagen, auf Bäume klettern, und sie entscheiden selbst, wohin sie gehen. Miau! Und schmusen ging auch, lass die Jungs doch lachen.

Aber ein Känguru-Baby sein, das gefiel Martha nur beim Ausdenken. Bis ihr klar wurde, dass ihre Rolle die einer Gefangenen war: fest gepresst an Mia oder Lena geruckelt werden.

Sie faucht. Sie kratzt. Kängurus haben enorme Trittkraft, Martha nicht. Kängurus sind schnell, Martha nicht. Martha weint fast, als sie endlich hinuntergelassen wird.

Lena und Mia gehen in die Hocke, um Martha ins Gesicht zu sehen. Es sind freundliche Mädchen. Sie wollen Martha nicht ärgern; sie waren nur ein wenig übermütig.

„Okee", sagt Mia. „Morgen spielen wir Pferd, ja?"

Pferd ist gut; das macht allen Spaß. Lena und Martha nicken und schlagen die Handflächen gegeneinander. Dann stehen Mia und Lena wieder, strecken ihre Knie und sind plötzlich sehr groß. Für einen Moment waren ihre Augen und Nasen auf einer Höhe mit Marthas gewesen.

Der Pausengong erklingt. Es wird Zeit hineinzugehen. Der Weg über den Schulhof ist für Martha weit, und die Treppen sind mühsam. Manchmal wünscht sie sich, sie könne die hohen Stufen überfliegen. Wie wunderbar wäre das.

Sie haben neulich über die Zugvögel gesprochen, über Wildgänse, die sie aus dem Klassenfenster beobachten und hören konnten. Frau Löffler hat ihnen von Nils Holgersson erzählt, und Papa hat abends daraus vorgelesen.

Martha nimmt schnaufend die erste Stufe. Viele Kinder rennen und rempeln an ihr vorbei, darum geht sie nah beim Geländer. Den oberen Handlauf erreicht sie nur schwer, aber es gibt noch einen Lauf auf mittlerer Höhe, der zwar von senkrechten Stäben unterbrochen wird, den Martha aber nutzen kann, um sich ein wenig hochzuziehen.

Mit Flügeln könnte sie sich jetzt über die johlende, schubsende Menge erheben und sich vor allen auf ihren erhöhten Stuhl im Klassenzimmer setzen. Nicht als letzte hineingekegelt kommen, rot und verschwitzt im Gesicht.

Aber statt dass ihr Flügel wachsen (oder wenigstens ein Motor auf dem Rücken), wird sie von hinten von zwei kräftigen Händen gepackt und emporgehoben. Mit einem Mal schaut sie auf helle, dunkle und rötliche Schöpfe hinunter, ihre Füße haben den Boden verloren, ihre Hand, jäh vom Geländer gerissen, rudert leer in der Luft, während die andere nach hinten greift, in Wolle hinein, harte Wolle, und ihr ein Himbeerkaugummiatem von der Seite zugrunzt, dass sie um Himmels willen aufhören soll zu treten, sonst … !

Sie hat gar nicht ausgetreten, sie zappelt. Sie zappelt und rudert in der Luft, und ein paar der anderen Kinder haben es jetzt auch bemerkt. Sie grölen und feuern denjenigen an, der sie in die Lüfte gehoben hat.

Martha schreit, aber niemand hört auf sie. Stufe für Stufe geht's nach oben, ohne jede Mühe. Martha kann in den Gesichtern der anderen keine Bosheit erkennen. Hinter ihr schnauft und ächzt der Himbeerkaugummiatem, der Wollschopf, der Starkhänder. Und schon geht es um die Kurve, zur nächsten Treppe.

Marthas Klasse liegt im ersten Obergeschoss. Das sind drei Treppen vom Schulhof aus, dreimal siebzehn Stufen. Martha hat sie oft genug gezählt.

Frau Löffler fliegt vorbei zum Lehrerzimmer, und Herr Benn, der im Sportanzug zur Turnhalle will, kommt ihnen mit Ohrstöpseln entgegen.

Mia und Lena laufen voraus, drehen sich um und sehen zunächst entsetzt aus, dann winken sie und lachen. Heißt das etwa, dass alles in Ordnung ist? Martha wird es leicht schwindelig.

Sie wird so fest unter den Achseln gehalten, dass sie den Kopf nicht weit genug herumdrehen kann. Die letzte Treppe kommt, gleich wird sie wissen, wer sie auf diese Weise in die Höhe befördert hat.

Es wird stiller, die Erst- und Zweitklässler sind im Erdgeschoss verschwunden, das dritte und vierte Schuljahr teilen sich das erste Obergeschoss.

Martha zappelt schon längst nicht mehr. Sie will es ihrem Träger nicht unnötig schwer machen. Wenn er sie vor Schwäche fallen ließe! Sie hält ihre kleinen Hände fest aufeinander gepresst vor die Brust. Wenn sie nur wüsste, wie die Landung ausfällt. Und wo?

Und dann sind sie in der Klasse. Einige sitzen schon da, andere laufen noch herum. Martha wird zum Pult getragen und gegen ihren Protest daraufgestellt. Ein wenig dreht sich die Welt um sie; sie muss sich setzen.

Nun sieht sie ihrem Entführer direkt in die Augen. Martha schlägt entsetzt eine Hand vor den Mund.

Das ist Lars. Der freche Lars aus der vierten Klasse, der mal so gemeine Dinge zu ihr gesagt hat, dass sie am liebsten in ein Mauseloch gekrochen wäre. So schlimm, dass Mama und sie geübt haben, wie man mit solchen Jungen spricht, damit sie das nie wieder tun.

Prügeln ist keine Option, hat Mama gesagt. Und bei Lars sowieso nicht. Der ist stark wie drei. Um Hilfe schreien geht immer, nutzt aber nur manchmal. Also: Augen streng und nicht zwinkern, Kinn vorgereckt und Stimme fest. Zur Verstärkung Hände in die Hüften. So lange, bis sogar Mama vor ihr gezittert hat.

Der Lars steht nun also vor ihr, prustet und schnappt nach Luft und schaut sie siegesgewiss an. Ein Wisch von ihm, und sie flöge. Und leider nach unten.

Martha richtet sich wieder auf. Noch ist sie oben und größer. Jedenfalls in diesem Moment. Sie stemmt die Hände in die

Hüften, reckt das Kinn vor und sagt, mit nur einem winzigen Zittern in der Stimme, was sie davon hält.

„Danke, Herr Flugkapitän. Kannst du gerne öfter machen. Aber bitte bis zu meinem Platz." Dabei schaut sie ihm fest in die Augen und reicht ihm ihre Hände.

Lars hält sie fest und Martha fliegt auf ihn zu, bremst mit seiner Hilfe die Landung auf dem Boden und geht, wieder ganz winzig, würdevoll zu ihrem Platz.

„Genau dahin", sagt sie und zeigt auf ihren Stuhl, der höher als die anderen und mit einem Kissen gepolstert ist und davor ein Fußbänkchen hat.

„Mal sehen", sagt Lars brummig, „wenn's mir passt."

Martha muss unbedingt später darüber nachdenken, wieso der freche Lars mit einem Mal so zahm war. Jetzt kommt Frau Löffler; sie haben Musik und werden singen.

Mit einem Mal findet Martha, die Drittklässlerin, ihren Sitzplatz erstklassig, wie einen Prinzessinnenthron.

Was ist eine gute Tat

Mama ist sehr erstaunt, als Martha vom frechen, großen (und starken) Lars erzählt.

Martha zieht die Schultern hoch, lässt ihre Ohren dazwischen verschwinden und breitet ihre Handflächen nach oben aus, weil sie ganz ratlos ist. Wie soll man das erklären, dass Lars sie getragen hat, die ganzen Treppen hoch, ohne ihr wehzutun und sie fallen zu lassen oder irgendetwas Gemeines zu sagen?

„Mochtest du das denn überhaupt?", fragt Mama. „War das nicht unheimlich, so von hinten gepackt zu werden wie ein Kaninchen vom Roten Milan?"

Martha legt den Kopf schräg und kaut auf der Unterlippe. Das ist schwer zu sagen.

„Es war toll", sagt sie, „und voll unheimlich. Ich war plötzlich so hoch."

Mama nickt nachdenklich. Die Geschichte scheint ihr Rätsel aufzugeben. „Ob er wohl darauf gekommen ist, weil ihr drei Mädchen vorher Känguru gespielt habt?", überlegt sie laut.

Martha zuckt wieder mit den Schultern. Woher soll sie das wissen. „Vielleicht hat er jetzt Reschpeckt* vor mir, weil wir scharf gucken und mächtig aussehen geübt haben. Oder es tut ihm leid, dass er so gemein zu mir war."

Mama schüttelt zweifelnd den Kopf. Papa kommt; er hat Max und Ella vom Kindergarten abgeholt und hängt die kleinen

Anoraks und Rucksäcke auf. Max und Ella flitzen in ihr Zimmer und stürzen sich auf ihre Legos.

Auch Papa kann sich keinen Reim auf das Erlebnis mit Lars machen. Bevor er in seinem Zimmer verschwindet, nimmt er Martha behutsam bei den Schultern und schaut liebevoll zu ihr hinunter.

„Lars weiß vielleicht selbst nicht, warum er das gemacht hat, und hat morgen eine neue Laune. Und so nett finde ich es außerdem nicht, dich einfach zu verschleppen. Wenn du ihn darum gebeten hättest, wäre es etwas anderes."

Martha hat keine Lust, weiter darüber nachzudenken. Und auch nicht dazu, mit Mama einkaufen zu gehen und dabei mit ihr die Alleebäume ihrer Straße zu sichten.

Eigentlich möchte sie Robert und Hannes, die im Erdgeschoss wohnen, besuchen.

Mama fragt Frau Kurz, die Mutter der beiden, ob Martha gelegen kommt. Und ja, Frau Kurz hat einen Berg Bügelwäsche, ihr Mann ist zur Spätschicht und gerne kann Martha zum Spielen kommen. Bei dem Regenwetter sind Robert und Hannes sowieso im Haus.

Robert ist zwei Jahre jünger als Martha. Nach den nächsten großen Ferien kommt er in die Schule. Hannes, der zwei Jahre älter ist als Martha, ist nur eine Klasse über ihr, geht also in die vierte Klasse. Hannes ist klug, er kennt sich in der Welt aus und wird von seinem kleinen Bruder grenzenlos bewundert.

Außerdem ist Hannes ritterlich. Er erträgt es nicht, wenn man zu Kleineren unfair ist. Ob kleiner dabei unbedingt jünger heißt, spielt für ihn keine Rolle.

„Was sollen wir spielen?", fragt er Martha. Die zuckt schon wieder mit den Schultern. Heute ist aber auch ein Tag voller Fragezeichen und Nichts-Wissen.

„Wollen wir Uno spielen?", schlägt Robert vor. Darin ist er gut, in Memory auch. Bei den anderen Spielen zieht er schnell den Kürzeren.

Hannes schnaubt. „Babykram. Martha und ich sind zu groß dafür. Jedenfalls ich." Und schon hat er aus dem schiefen Regal an der Wand die Schachtel mit dem Nilpferd auf der Achterbahn geholt.

Robert murrt. Das ist noch zu schwierig für ihn. Martha kommt mit, jedenfalls wenn Hannes geduldig ist. Unschlüssig schaut sie von einem zum anderen. Das kann ja ein fader Nachmittag werden!

„Jeden Tag eine gute Tat!", sagt Hannes plötzlich. „Wir spielen Malefiz."

Robert strahlt. Daran hat er selbst gar nicht gedacht. Bei dem Spiel gewinnt er oft. „Hannes ist jetzt bei den Pfadfindern", sagt er und hört sich so stolz an, als wenn er selbst dazu gehörte. „Die tun immer gute Taten. Zum Beispiel alten Menschen die Einkaufstaschen tragen."

Hannes kratzt sich hinterm Ohr. „Eine gute Tat ist nur dann eine, wenn man nicht so große Lust dazu hat. Also, wenn es ein Opfer ist oder Mühe macht."

Martha kennt die Pfadfinder nur von der großen Wiese hinter dem Bauernhof ihres Opas in der Heide. Da dürfen sie zu Pfingsten ihre Jurten* aufbauen, Feuer machen und ihre Spiele unternehmen. Was sie richtig gut machen, ist das Aufräumen hinterher. Opa sagt, dass sie niemals Müll rumliegen lassen oder unvorsichtig mit Feuer sind. Aber zu all dem scheinen sie viel Lust zu haben. Sie schaut Hannes fragend an.

„Ganz einfach", erklärt der. „Wenn ich zum Beispiel ein Brot mit Schmierwurst übrighabe und gebe es Robert, ist das keine gute Tat."

„Ich mag Schmierwurst aber gerne", sagt Robert.

„Egal", fährt Hannes fort, „ich aber nicht. Wenn ich Schmierwurst eklig finde und gebe das Brot ab, ist es keine gute Tat, weil ich es ja loswerden will. Nur, wenn ich Robert mein Salamibrot abgäbe, und es mir richtig leid drum tut, weil ich Hunger darauf hätte, dann wäre es eine gute Tat."

Robert verzieht das Gesicht. „Ich mag doch gar keine Salami. Was soll daran eine gute Tat sein?"

Martha hat eine Idee. „Dann gibt er's halt mir. Ich mag Salami", sagt sie einlenkend und nicht ganz wahrheitsgemäß. Es scheint sowieso schon Stunden her, dass sie was gegessen hat. Zur Not nähme sie auch Salami.

Robert öffnet die Schachtel mit dem Malefiz-Spiel und baut es auf dem Boden auf. Dabei hat er noch etwas zu erzählen. „Lars ist auch bei den Pfadfindern", sagt er wichtig. „Er muss auf Hannes hören, weil der schon länger dabei ist."

„Echt?", fragt Martha und schaut ehrfürchtig zu Hannes. „Hast du keine Angst vor dem?"

Hannes reckt die Brust raus. „Na ja", sagt er, „den will keiner dabeihaben, wenn er frech wird."

„Kommt endlich", ruft Robert. Er will loslegen.

Aber Martha muss unbedingt noch etwas wissen. „Muss er sich nur bei den Pfadfindern anständig benehmen?"

Hannes schüttelt den Kopf. „Ne, auch wenn er woanders gegen unsere Regeln verstößt, wird er ausgeschlossen."

Mit einem Mal wird für Martha alles durchsichtig wie Brillenglas, wenn es nicht gerade verschmiert ist.

„Lars hat mich heute in der Schule die Treppen raufgeschleppt. Einfach so!", sagt sie. Sie muss daran denken, dass eine gute Tat nur dann eine ist, wenn der Guttäter sich dazu überwinden muss.

Robert hockt sich ans Spielbrett und würfelt, viele Male, extra laut.

Hannes kratzt sich am Kopf. Er wirkt nicht ganz zufrieden. „Wenn du das nicht magst, kriegt er dafür 'n paar vor'n Latz", sagt er. „Seine gute Tat soll ja für dich gut sein."

„Ja", sagt Martha, „sonst ist es so, wie wenn du mir dein Salamibrot abgibst, obwohl es dir ganz leid drum tut, aber ich mag es gar nicht und schmeiß es weg." Sowieso mag Martha lieber Frischkäse.

Robert stöhnt ungeduldig. Die beiden Großen verstehen und lassen sich endlich nieder. Jetzt wird gespielt. Natürlich gewinnt Robert die erste Partie. Zwei große Guttäter gegen ein Kindergartenkind.

Ein paar Runden später muss Martha unbedingt nachsehen, was ihre Familie macht und ob es endlich was zu essen gibt.

Nach dem Abendbrot, das wie immer von Max und Ella beherrscht wird, setzt sich Papa zu Martha ans Bett. Die beiden hatten den ganzen Tag kaum Zeit füreinander.

Papa lässt sich alles erzählen, über Lars und Hannes, die Pfadfinder und die guten Taten. Nicht einfach, das findet Papa auch.

Soll sich Martha etwa herumschleppen lassen, damit Lars mit ihr seine guten Taten erledigen kann? Darf sie sicher sein, dass Hannes Lars jetzt unter der Fuchtel hat und sie keine Angst mehr zu haben braucht? Außerdem: Das Fliegen treppauf könnte ganz schön sein, wenn sie vorbereitet ist. Martha ist ratlos.

Papa tippt sich an die Nasenspitze. „Wie wäre es, meine Große", sagt er mit funkelnden Augen, „mit diesem Vorschlag für den starken Lars: Er darf dich nach jeder Pause fragen. Wenn deine Beine für die Treppe zu müde sind, bittest du ihn um Hilfe. Und sonst läufst du selbst. Und jedes Mal bedankst du dich freundlich."

Martha schaut zweifelnd.

Papa zwinkert ihr zu. „Wer ist hier die Prinzessin? Und sonst komme ich in der Pause und erkläre es ihm."

Ferien im fremden Zimmer

„Die Zeiten, in denen man ein Kind dem Zugbegleiter übergibt und es alleine reisen lässt, sind vorbei", hat Mama erklärt und kurzerhand für Papa und Martha ein Zugticket gebucht.

Damit war es klar: Papa kann nicht als einziger daheimbleiben, dichten und auf seiner Schäselong* liegen. Er darf Martha nicht alleine reisen lassen. Er selbst durfte als Junge von neun Jahren ohne Begleitung mit dem Zug fahren.

Martha freut sich. Mit Papa allein in der Eisenbahn reisen und auf Opa Kurts Hof Ferien machen riecht nach Abenteuer ohne Kleinkinderkram.

Mama fährt derweil mit dem Familienauto, Max und Ella und den Kölner Großeltern in den Schwarzwald.

Alles war irgendwie anders geplant, aber die Kölner Großeltern hatten eine Idee: Sie haben Mama, Max und Ella in den Schwarzwald eingeladen. In ein Hotel! Papa sollte natürlich auch mit, aber der hat gesagt, dass ihm ein Urlaub alle zwei Jahre mit Ilse und Walter völlig ausreicht. Die gemeinsamen Ferien mit den beiden an der Ostsee scheinen ihm noch nicht lange genug vorbei zu sein.

„Morgens helfen Martha und du auf dem Hof mit, nachmittags kannst du dichten und faulenzen!", hat Onkel Steffen am Telefon gesagt. Die Heuernte steht an, und die Obstbäume tragen schwer. Die Mirabellen und die säuerlichen Frühäpfel sind reif.

Papa war klar, dass sein älterer Bruder, der mit seiner Frau den Hof führt, ihn drankriegen wird.

„Von wegen ausschlafen, sich verkrümeln, lesen und träumen", hat er gemurmelt und gleich ein paar Bücher aus der Reisetasche wieder zurück ins Regal gestellt.

„Mit Opa Kurt und Onkel Steffen abends Skat spielen und viel erzählen ist aber doch auch schön", hat Martha getröstet. Im Stillen hofft sie, dass Papa ihre Schlafenszeit am Abend darüber vergisst und sie länger aufbleiben darf.

Die Zugfahrt in die Heide dauert nicht lange, weil Papa ihr Bauernskat* beibringt. Tante Gesa holt sie mit dem Auto ab, und als Martha aussteigt, wehen ihr viele köstliche Gerüche in die Nase: Misthaufen, Heu, Trecker, staubige Erde und Teich mit Entengrütze. Das ist ein großartiges Wiedersehen, vor allem mit den beiden Eselinnen Thea und Luise, die hier ihr Gnadenbrot fressen.

So nennt Opa Kurt das, aber Brot kriegen sie natürlich nicht. Opa sagt, „der Esel frisst vom kahlen Stein, sonst wird er krank".

Martha hält den beiden ab und an eine Möhre hin. Weiche Lippen haben sie – und sehr, sehr gelbe Zähne.

Im Auslauf liegen Zweige und Äste, eine Heuraufe wird täglich gefüllt. Dabei könnte Martha sicher schon morgen prima helfen.

Erst einmal aber nimmt Tante Gesa sie mit hinein und zeigt ihr, wo sie schlafen wird. Es ist ein Zimmer im ersten Stock, gleich gegenüber von Papas altem Kinderzimmer, in dem sie sonst immer zu fünft geschlafen haben.

Martha wundert sich. Dieses Zimmer hat sie zuvor nie betreten. Sie kann sich nicht einmal erinnern, die Tür dort hinein gesehen zu haben. Der Raum ist klein wie ein Wäschezimmer, hat ein halbrundes Fenster und ein Bett in einem Schrank. An der Wand steht eine alte Kiste, die aussieht wie eine Schatztruhe, und vor dem Bett ein Hocker, damit man leichter hineinklettern kann.

„Wir haben hier alles neu gestrichen", erklärt Tante Gesa. „Vor der Tür hat bisher ein Schrank gestanden; niemand hat das Zimmer benutzt."

Martha muss an das Märchen von dem Mädchen mit den dreizehn Schlüsseln denken, das Papa neulich erzählt hat und bei dem ihr ein wenig unheimlich wurde. Ob er das Zimmer kennt?

„Das ist in den Ferien jetzt immer dein Zimmer", sagt Tante Gesa, „du bist ja nun groß genug für ein eigenes. So kann dein Papa abends in seinem Zimmer noch lesen und schreiben, ohne dich zu stören."

Martha hat im Urlaub hier noch nie allein geschlafen. Sie macht ein paar Schritte rückwärts aus dem Raum.

Tante Gesa nimmt sie bei den Schultern und dreht sie herum, so dass Martha zu Papas Zimmer schauen kann. Es ist ganz nah.

Dort haben sie im letzten Jahr noch zu fünft geschlafen. In dem alten doppelstöckigen Kinderbett kann man so herrlich Bude und Schiff spielen.

„Papa ist nicht so gern allein", sagt sie und gibt sich Mühe, überzeugend zu klingen. Tante Gesa hat lauter große Jungen, zwei sind schon ausgezogen, und sicher hat sie keine Ahnung, wie es einer Neunjährigen in der Fremde geht.

„Versuch es wenigstens", schlägt Tante Gesa vor. „Jasper wohnt jetzt oben unterm Dach. Den kannst du über dir hören. Er hat sich da ein Studio ausgebaut; morgen kann er's dir mal zeigen. Wir lassen einfach ein Licht an."

Und dann räumen sie gemeinsam Marthas Sachen in die Schatzkiste und auf einen niedrigen Tisch, und Martha sieht, dass die Türen am Bettschrank wunderschön mit Rosen bemalt sind. Eine Zahl steht darauf, 1977, und zwei große, verschlungene Zeichen wie Blumenranken. „Innizjahlen"* nennt Tante Gesa das, also so etwas Ähnliches wie Zahlen, und damit kennt Martha sich aus.

Mit Zahlen geht sie um wie andere mit Jonglierbällen, sagt Papa immer. Mama braucht Martha oft zum Erinnern von Geburtstagen und Telefonnummern.

Falls sie mal nicht einschlafen kann am Abend – vielleicht, weil das Dielenholz knackt oder ihr der 13. Schlüssel zum geheimnisvollen, verbotenen Raum einfällt – dann wird sie sich etwas vorrechnen. Ja, so könnte es klappen.

„Oh, gibt es Pfannkuchen zum Abendessen?", fragt sie. Unbemerkt ist ein Duft die Treppen heraufgeschwebt, der dem von Apfelpfannkuchen sehr ähnlich ist. Und Speckpfannkuchen.

Sie hat richtig geraten. Opa Kurt hat Pfannkuchen gebacken. Papa und Onkel Steffen haben derweil die Viehtränken neu gefüllt, und ihr Cousin Jasper hat die Tiere gefüttert.

Tante Gesa holt das Geschirr; Martha verteilt die Bestecke und lässt rasch ein winziges Stück von einem knusprigen Pfannkuchenrand in ihrem Mund verschwinden. Jasper grinst und hebt sie auf die Bank.

„Zwei Atlanten und ein Polster", sagt er. „Prinzessin auf der Erbse, rate, was unterm Kissen liegt."

Martha will schon wieder runterkrabbeln und nachsehen, aber das erlaubt Jasper nicht. „Raten ist nicht gucken", sagt er streng.

Jasper gibt einen Tipp. „Es fängt mit ‚T' an und dann kommt ‚aschen' ", sagt er. „Dann ein ‚m' und zuletzt ein ‚esser'."

Martha muss ein wenig mit den Augen rollen, damit er weiß, wie kinderleicht das war. Immerhin ist sie in der Dritten. Da hat Jasper wohl was nicht mitgekriegt.

„T-aschen-m-esser", sagt sie und kriegt dann doch ganz rote Wangen vor Aufregung. Unter dem Kissen liegt tatsächlich ein kleines Klappmesser mit einem Wappen drauf. Es hat Jasper gehört, als er zehn Jahre alt war, und nun darf sie es haben. Fein, das kann sie ganz prima gebrauchen, zum Schnitzen und für Abenteuer.

Papa zeigt ihr, wie man es öffnet und schließt und nimmt ihr das Versprechen ab, es niemals aufgeklappt herumzutragen. Schon gar nicht beim Laufen. Aber Martha kennt sich mit Gefahren aus. Schließlich hat sie schon mit sechs die riesige Schere für Mama geholt oder ihr spitze, scharfe Werkzeuge angereicht.

Und dann schafft sie einen ganzen Pfannkuchen mit Zimt und Zucker. Papa schafft zwei, einen mit Äpfeln und einen mit Speck. Martha ist pappsatt und müde.

Als Papa sie ins Bett bringt, liegt etwas auf der Bettdecke. Sie muss nicht raten; das kann man gleich erkennen: eine Taschenlampe, mit einem Kärtchen von Mama.

„Für mein mutiges Mädchen", schreibt Mama in der schönsten Erstklässlerhandschrift.

Morgen muss Jasper rauskriegen, was sie da bekommen hat. Allerdings darf sie es ihm auch nicht zu leicht machen. Epmal-Nehcsat*, dahinter muss er erst mal kommen.

Papa verspricht ihr für morgen eine wahre Geschichte. Sie hat mit den Innizjahlen* auf dem Bett zu tun, die eher für Buchstaben stehen. Und für etwas Wichtiges aus seiner Kindheit.

Als Pfeifengeruch aus der guten Stube hoch in ihr Zimmer zieht, schläft Martha ohne einen einzigen Gedanken ein.

Papas kleine Schwester

Martha schreibt an Mama. Papa hat ihr seinen kleinen Schreibtisch in seinem Zimmer überlassen und einen hohen Stuhl für sie gebaut. Draußen rauscht der Regen. Pfützen stehen auf dem Hof, die Eselinnen haben sich in ihren Unterstand verzogen, und selbst die Enten auf dem Teich haben sich einen Platz im Schilf gesucht. Die Tropfen springen aufs Wasser und machen kleine Fontänen.

Opa räumt seine Werkstatt auf und repariert etwas. Er will nicht gestört werden, sagt Onkel Steffen. Tante Gesa hat nach dem Mittagessen vorgeschlagen, dass Papa und sein Bruder in die nächste Kleinstadt fahren könnten, Einkäufe machen, Bücher stöbern oder ins Museum gehen. Das haben die beiden gerne angenommen.

Jasper sitzt schon seit Stunden an seinen Hausaufgaben und büffelt. Er hat keine Schulferien mehr, weil er in einem anderen Bundesland wohnt als Martha. Nächstes Jahr macht er sein Abi.

Manchmal hört sie ihn oben hin und her gehen und einmal sogar fluchen. Dann wieder scheint er zu telefonieren. Büffeln hört sich nach Kämpfen an.

Tante Gesa ist im Anbau und näht. Kaputte Hosen und ein geblümter Stoff liegen im Nähkorb.

„Ein Regentag im Sommer", sagt sie, „ist für mich ein Geschenk des Himmels." Was sie damit meint, kann Martha leicht erraten.

Regen ist gut für die Erde, die Pflanzen und Bäume, auch für die Tiere. Aber ist es auch gut für die Menschen, die Ferien machen wollen? Zumindest Martha findet das. Ein Regentag ist gut zum Lesen und Malen. Und für wichtige Post. Martha schreibt an ihre Mama. Papa hat ihr einen Umschlag mit Mamas Ferienadresse überlassen. Er ist schon frankiert. Mama hatte ihnen drei Stück davon mitgegeben, damit sie Post von Martha und Papa bekommt, wenn sie mit den Zwillingen und den Kölner Großeltern im Schwarzwald Urlaub macht.

„Liebe Mama!", schreibt Martha. Ihr Füller kratzt etwas über das linierte Papier. „Wie geht es dir? Hast du frei oder musst du dich um alles kümmern? Was machen Max und Ella? Sind sie oft mit Opa und Oma unterwegs, damit du mal machen kannst, worauf du Lust hast? Wusstest du eigentlich, dass Papa", und hier schrappt die Feder des Füllers nur noch so dünn über die weiße Fläche, dass Martha die Patrone wechseln muss.

Also runter vom Stuhl und Ersatzpatronen suchen. Patronen wechseln kann sie. Nun auf einem von Papas Schmierzetteln probieren, ob's klappt. Und mit Füller wieder auf den Stuhl hinauf.

Dabei überlegt sie, ob das, was Papa ihr vorgestern Abend anvertraut hat, wohl ein Geheimnis ist, das sie nicht ausplaudern darf. Eigentlich gibt es kein Geheimnis mit Papa ohne Mama, oder? Außer vielleicht die gelegentliche Zigarette von Papa auf der halben Treppe. Das auszuplaudern wäre Petzen.

Einmal, als Martha gerade in der ersten Klasse war, hatten Papa und sie ein Geheimnis nach dem Besuch bei Frau Witt. Das Geheimnis wurde „Schonung für Mama" genannt.

Frau Witt, die alte Balletteuse, die auch ihre Vermieterin ist, hatte Martha als intelligent und musikalisch bezeichnet. Das klang gut. Aber dann kam etwas unerwartet Scharfes gleich hinterher, leichthin, ohne Bosheit gesprochen, aber es traf Martha wie ein Stich mitten in den Bauch, und ein ätzender Geschmack füllte Marthas Mund, sodass ihr Tränen in die Augen traten.

Martha weiß den ganzen Satz noch heute, während sie die Feder auf dem Schmierzettel ausprobiert und hin und her schraffiert, sehr zackig und heftig. „Sie ist ja klug und musikalisch. Das muss ich ihr lassen. Wenn Mädchen so gar nicht hübsch und anmutig sind, sollten sie wenigstens ein paar andere Begabungen haben."

Was dann kam, war so überraschend, dass Martha zu atmen vergaß. Papa wurde riesengroß und sehr breit. Seine Stimme dröhnte wie nie zuvor. Es war keine Dichterstimme, es war die von einem Löwenbändiger.

„Für uns ist Martha hübsch, Rika! Sogar sehr. Meine Frau und ich sind glücklich, dass unsere Tochter gesund und lebendig bei uns ist. Und Max und Ella vergöttern ihre Schwester."

Dann wurde Papa wieder normalgroß und normalleise. Das Schlimmste schien vorbei zu sein. Er fügte etwas hinzu, das er wie zu sich selbst sagte, so, als wenn die alte Balletteuse gar nicht da wäre.

„Meine Eltern mussten ein Kind hergeben. Ich verstehe erst heute, wo ich selbst Kinder habe, wie furchtbar das für sie gewesen sein muss."

107

Danach war Frau Witt sehr still. Sie schenkte Martha ein Krokant-Ei, das sie noch von Ostern übrighatte und das Martha ohne das übliche Dankeschön entgegennahm. Sie würde es nicht essen, obwohl sie Krokant liebte. Sicher wäre es vergiftet.

Papa und sie haben sich bald darauf von Frau Witt verabschiedet, blieben aber noch ein Weilchen im Klo auf der halben Treppe. Papa rauchte, und Martha betrachtete das Ei, das in ihrer Hand weicher wurde. Im Bad unten hörte man Mama mit den Zwillingen.

„Meine Süße", sagte Papa damals sanft und rau, „lass uns vergessen, was Frau Witt da von sich gegeben hat. Sie redet dummes Zeug, ganz dummes Zeug, das ihr sicher jetzt schon leidtut. Wir wollen Mama nichts davon erzählen. Sie würde sich schrecklich darüber ärgern und zu Frau Witt hinaufstürmen und Dinge zu ihr sagen, die dann wiederum Mama hinterher leidtäten."

Martha schwieg nachdenklich. Dann pfefferte sie das Ei durch das geöffnete Fenster nach draußen. Es landete mit einem metallischen Plopp in der kleinen Regenrinne des Anbaus. Papa schaute hinaus. Er warf seinen Zigarettenstummel hinterher. Plötzlich lachte er, hob seine Tochter in die Höhe, küsste und drückte sie, bis ihr der Atem ausging und sie schrie, dass er nach Rauch röche. Dabei lachte auch sie.

Martha versprach Papa beim Zubettgehen, dass sie das Schonungsgeheimnis bewahren würde. Und vorm Einschlafen malte sie sich aus, was sie entgegnen würde, wenn Frau Witt wieder etwas Garstiges zu ihr sagt, ohne es wirklich garstig zu meinen.

An die Geschichte muss Martha denken, als sie mittlerweile ein ganzes Blatt voll mit spitzen Zacken gekritzelt hat. Wie merkwürdig, dass sie Papas Worte vom hergegebenen Kind damals gar nicht begriffen hat. Na ja, sie war ja auch noch jünger. Jetzt versteht sie viel mehr.

Tante Gesa klopft und bringt Martha ein Glas Apfelsaft und ein paar Haferkekse. Außerdem hat sie ein Schüsselchen mit entsteinten Mirabellen dabei. Sie stellt das Tablett auf den Boden.

„Danke", sagt Martha erfreut. „Bist du fertig mit Nähen?"

„Nein, gleich geht's weiter", sagt Tante Gesa und schaut auf Marthas Briefbogen. „Ich habe die Arbeitshosen geflickt, und nun kommt eine Bluse für mich dran. Ich wollte nur mal schauen, was du machst."

Martha fasst sich ein Herz. „Darf ich Mama schreiben, dass Papa eine kleine Schwester hatte, die früh gestorben ist, und dass ich in ihrem Bett schlafen darf?"

Tante Gesa krault Martha durchs Haar. „Ach, Kind", sagt sie, und ihre Stimme klingt, als ob sie lächelt. „Klar darfst du alles erzählen, was du willst. Deine Mama kennt die Geschichte von der kleinen Insa. Ich such dir später mal das Album mit den Fotos raus. Und jetzt schreib an deine Mama und grüß sie von mir."

Martha muss sich unbedingt stärken. Die Mirabellen sind zuckersüß. Sie putzt sich die Hände an der Hose ab und liest, was sie bisher geschrieben hat.

„Wusstest du, dass Papa" so lauteten die letzten Worte. Jetzt zieht sie mit frischer blauer Tinte einen Strich quer rüber und setzt neu an: „Ich weiß jetzt auch, dass Papa eine kleine Schwester hatte. Sie hieß Insa, und ich sehe ihr ähnlich, sagt Papa. Er hat es mir erzählt und dabei ganz traurig geguckt, obwohl es schon so lange her ist. Tante Gesa zeigt mir bald Fotos von ihr. Ich soll dich grüßen."

Martha will unbedingt nachschauen, wer unten so laut mit Tellern klappert. Sie bringt ihren Bericht rasch zu Ende: „Tausend Küsse. Schreib mir bitte! Deine Martha"

Und dann nimmt sie das kleine Tablett und trägt es vorsichtig hinunter. Jasper hat Abendbrotdienst. Er summt und scheint sich zu freuen, dass Martha ihm Gesellschaft leistet.

Mit Nussschokolade gegen die Angst

Martha liegt im Bett. An Schlaf ist nicht zu denken. Ihr Herz scheint in den Ohren zu trommeln. Ein angstvoller Gedanke pocht in ihrem Bauch, ihrer Kehle, ihrem Kopf.

Sie fürchtet sich nicht mehr vor Geistern oder Ungeheuern. Da gibt es eine neue Angst. Eine, die sie davonreißen könnte. Dabei war es eigentlich ein schöner Tag im Haus und mit Tante Gesa.

Papa und Onkel Steffen sind erst abends von ihrem Ausflug heimgekehrt. Sie haben nach Frittenfett und Bier gerochen und fröhlich von ihren Unternehmungen erzählt.

Papa hat Martha ihre Lieblingsschokolade mit ganzen Nüssen ans Bett gebracht und hat ihr nur kurz Gute Nacht gesagt. Er wollte nach unten zu Opa ins Wohnzimmer gehen, weil der schließlich den ganzen Tag überhaupt keine Unterhaltung hatte.

Martha kam gar nicht dazu, mit Papa etwas zu besprechen. Dabei hatte sie Insas Fotoalbum extra mit ins Bett genommen.

Sie muss so viel an Papas kleine Schwester denken, die mit vier Jahren gestorben ist, ein wenig jünger als Max und Ella. Papa und Tante Gesa haben Martha in den letzten Tagen viel von Insa erzählt.

Sie hat eine Kinderkrankheit gehabt, die auch Papa und Onkel Steffen hatten. Aber die beiden Jungen haben alles gut überstanden. Nur bei der kleinen Insa wurde es schlimmer; ihr Gehirn hat sich entzündet, und sie hat Krämpfe bekommen. Der

Arzt vermochte nicht zu helfen, und bevor sie ins Krankenhaus gebracht werden konnte, wurde sie ohnmächtig und wachte nicht mehr auf.

Oma Nele und Opa Kurt haben an ihrem Bett im Krankenhaus gesessen, bis sie nicht mehr geatmet und ihr Herz nicht mehr geschlagen hat.

Martha weint, als sie die Bilder des kleinen Mädchens mit der Schleife im Haar anschaut. Wenn *sie selbst* das wäre! Papa und Mama würden verrückt vor Kummer, da ist sie sicher. Und es täte ihnen *sehr* leid, dass sie manchmal ungerecht gewesen sind und keine Zeit für sie hatten.

Oder, wenn es Max oder Ella träfe? Was wäre da bloß an der Stelle, wo sie vorher Krach gemacht, sich bewegt, gespielt und geschlafen haben?

Wenn aber Mama oder Papa stürben, was würde dann aus ihnen dreien?

Martha möchte am liebsten laut nach Papa rufen. Aber der wird sie nicht hören. Und Jasper? Der übt Mathe. Und er wird sie für ein Kleinkind halten.

Sie klappt das Album zu und stopft es in die Nachttischschublade, dreht sich auf den Bauch und drückt ihr heißes Gesicht ins Kissen. Lieber Gott, mach, dass meine Eltern immer leben und ich auch. Und Max und Ella.

Sterben ist furchtbar, findet sie. Kinder sollten nicht sterben.

Wie fühlt sich das überhaupt an, unter der Erde in einer Holzkiste? Es ist so ungerecht: Nie wieder mit den anderen lachen.

Oder beim Abendbrot sitzen, erzählen, malen, Mama assistieren, Papas Quatsch-Gedichte hören oder Filme gucken. Nie wieder Süßigkeiten essen!

Martha hat ihre Zähne schon geputzt. Sonst wird danach auf keinen Fall mehr etwas genascht. Außer in Notfällen.

Wasser trinken geht natürlich immer. Sie knipst ihr Nachttischlämpchen an.

Martha setzt sich und trinkt einen Schluck Wasser. Und noch einen. Sie schaut gar nicht zu der verführerischen Schokolade hin. Morgen, nach dem Frühstück, dann gibt es einen Riegel. Vorher nicht. Nur im Notfall.

Da fällt ihr ein: Sterben wäre allerdings ein Notfall, ganz sicher. Und Angst vorm Sterben auch.

Jederzeit kann man sterben. Immer, doch es ist nicht wahrscheinlich, dass es mit neun Jahren passiert, sagen die Erwachsenen. Aber *möglich* wäre es. Sie hat zwar kein Fieber und alles an ihr scheint richtig, aber sie ist sehr klein für ihr Alter und wird niemals richtig groß werden. Das ist auch eine Art von Nicht-Gesund-Sein.

Frau Witt hat einmal etwas Komisches von dem wenigen Platz für die Organe in Marthas kleinem Körper gesagt. Mama und Papa wussten es besser; schließlich reden *sie* mit dem Kinderarzt und nicht Frau Witt. Und *sie* lesen moderne Bücher und Zeitung. Aber wenn Marthas Atem plötzlich aufhört, einfach so? Oder ihr Herz?

Ob Papa bald zum Schlafen hochkommt? Ob sie besser zu ihm geht, bevor ihr Herz zerspringt? Martha klettert aus dem Bett, tappt zur Tür. Aber was, wenn die drei Martha gar nicht ernst nähmen, oder sich beim Skatspielen gestört fühlten? Vielleicht wären sie noch lustiger als bei ihrer Ankunft und Onkel Steffen würde Witze machen. Und Opa?

Sie dreht um und krabbelt zurück unter ihre Decke. Die ist noch warm.

Wie von Zauberhand ist die Schokolade plötzlich ausgewickelt. Das haben ihre Finger von allein gemacht, während die übrige Martha in Aufruhr war.

Sie bricht ganz vorsichtig einen Riegel ab und leckt ihn an. In der Hand wird die Schokolade schon weicher. Martha knabbert forscher, und schließlich will der Mund mal mit einem kräftigen Happs von dem guten Zeug gefüllt werden. Nüsse brechen, cremige Schoki legt sich auf Zunge und Zähne.

Martha sitzt da, lehnt sich an das hohe Kopfteil und schaut auf das Brett des Fußteils. Es ist mit Rosen und Bienen bemalt. Von außen sind es Insas Innizjahlen*: IM, jeder Buchstabe groß wie Marthas Hand und wunderschön geschwungen. In diesem Bett ist die vierjährige Insa krank geworden. Martha selbst sitzt in Insas Kinderbett und ist schon neun, und füllt es noch nicht ganz aus. Ob die vierjährige Insa so groß war wie sie?

Martha reibt ihre nackten Zehen aneinander. Sie schubbert den Hinterkopf mit dem störrischen Haar am Holzbrett hin und her. Sitzend, mit Licht an und mit der Notfallschokolade im Bauch kann sie sich das Sterben nicht mehr so deutlich vorstellen. Ihr

Herz schlägt schon viel langsamer, sie fühlt es kaum noch. Ob das nun wieder richtig ist? Wenn es mit einem Mal ganz aufhört?

Martha richtet sich kerzengerade auf und schwingt die Beine aus dem Bett. Sie könnte nun doch zu Papa gehen. Nur so, zur Beruhigung.

Aber ein Gedanke hält sie zurück. Sie ist immerhin neun und Besitzerin von Taschenmesser und Taschenlampe. Seit einem Jahr kriegt sie jede Woche Samstag Taschengeld. Eigentlich weiß sie gar nicht, wie sie Papa ihre Angst erklären soll. Ihre furchtsamen Gedanken rennen durcheinander und weichen zurück, wenn Martha sie in Worte fassen will.

Martha lässt sich mit einem Seufzer zurücksinken. Seltsam, nun füllt sie das Bett plötzlich viel mehr aus!

Leider kann sie sich kaum noch daran erinnern, wie gut die Schokolade sich eben anfühlte. Gegen diese gruselige Angst wäre aber sehr wohl noch ein Riegel nötig.

Martha angelt nach der Packung. Dann legt sie ihren Kopf aufs Kissen, schließt die Augen und nuckelt an dem Riegel. Ab und an zerkaut sie träge eine Nuss. Papa wird sicher *sehr* bald hochkommen. Es klingt, als räumten die Erwachsenen die letzten Gläser in der Küche zusammen.

Tante Gesa schaut auf dem Weg in ihr Bett noch einmal nach Martha. Sie knipst das kleine Licht aus und übersieht gnädig den braunen Spuckefaden, der aus Marthas Mund tropft.

Aber das erfährt Martha erst am nächsten Morgen. Da zeigt Tante Gesa ihr, wie man ein Kopfkissen frisch bezieht. Martha berichtet, wie sie, ohne zu Papa zu laufen, ganz allein so viel Sterbensangst und schwere Gedanken ausgehalten hat. Tante Gesa sagt darauf etwas, das Martha unbedingt an Mama schreiben will. In ihren eigenen Worten, auf ein neues Blatt; der Umschlag ist ja noch offen.

„Liebe Mama!
Tante Gesa hat gesagt, wenn wir etwas Gutes über Tote sagen können, sind sie in unserer Nähe. Das liegt am Erinnern, sagt sie. Das macht Gestorbene lebendig. Tante Gesa erzählt viel über Oma Nele und Papa über sein Schwesterchen Insa.

Wenn ich groß bin und Ihr tot seid, werde ich mit Max und Ella ganz viel über Euch reden, damit wir noch lange etwas von Euch haben. Aber zum Glück seid Ihr noch nicht alt. Weißt Du vielleicht, was wir über Frau Witt Gutes sagen könnten? Mir fällt gerade nichts ein, außer, dass ihr Papas Gedichte gefallen.

Schreib mir mal endlich.

Viele Küsse, Deine Martha"

Martha taucht ab

Es gibt Tage, die sind so merkwürdig und schräg, dass man sich kaum vorstellen kann, dass sie gut enden.

Das Seltsame begann, als Mama nach einem Telefonat mit ihrer Freundin Gerda zu Papa sagte: „Wow, wie toll, Mathias, Gerda hat jetzt fest zugesagt, dass sie zu Weiberfastnacht kommt. Sie kann Lutzi bei Nachbarn parken."

Martha stellt sich vor, wie man einen Hund einparkt. Vorwärts, rückwärts, nahe am Bordstein, bis er geradesteht und man ihn abschließen kann. Sie kichert. Da ahnt sie noch nicht, dass nicht nur Hunde woanders geparkt werden sollen.

„Schön für euch zwei", sagt Papa, und es klingt wie ‚so schön nun auch wieder nicht'. „Will sie hier übernachten?"

„Klar", sagt Mama. „Nach unserem Frauenschwoof* kann sie nicht mehr fahren. Sie wird mein Bett nehmen und ich deins. Martha darf bei Frau Witt übernachten. Edytta will dafür sorgen, dass sie am nächsten Morgen pünktlich zur Schule geht. Gerda und ich schlafen nämlich lange aus."

Mama klingt begeistert. Martha fühlt sich seltsam. Und bevor sich Unbehaglichkeit in Martha aufplustern kann, sagt sie „Ich mag nicht bei Frau Witt schlafen, die sagt oft so komische Sachen", und schaut zu Papa, der meist viel Verständnis für Ich-magnichts hat. Papa aber schnippelt Obst für den nachmittäglichen Naschteller und erwidert ihren Blick nicht. „Warum kann ich nicht mit euch nach Köln fahren?", fragt sie ein wenig maulig.

„Weil du freitags in die Schule musst", sagt Mama. „Und der Tauchkurs. Den wolltest du doch unbedingt machen. Papa ist dann schon längst mit den Zwillingen unterwegs."

Martha zieht an ihrer Unterlippe. „Ich könnte auch allein hierbleiben!", sagt sie und glaubt keine Sekunde daran, dass Mama das erlaubt. „Ich bin schon über neun." Allerdings weiß sie, dass Alleinbleiben sehr, sehr lange dauern und einer großen Bangigkeit genug Zeit geben kann, sich überall breit zu machen.

Mama antwortet sehr bestimmt. „Allein die halbe Nacht zuhause? Auf keinen Fall! Außerdem musst du morgens früh aufstehen. Und wir nicht. Das haben wir alles neulich besprochen. Martha, du hast Frau Witt schon ein paarmal besucht. Ihr seid doch in der letzten Zeit prima miteinander ausgekommen."

Martha brummt und knurrt noch ein bisschen. Nur so, damit alle wissen, dass freiwillig was anderes ist.

Aber es stimmt: Frau Witt und sie spielen gerne Dame und Mühle, seit Martha älter ist. Das sind Spiele, bei denen Max und Ella nur stören würden. Später erzählt die alte Balletteuse immer von ihrer längst verstorbenen Katze, die sie als kleines Mädchen hatte.

Bleibt noch die lange Nacht bei Frau Witt. „Wo soll ich denn oben schlafen?", fragt sie, und man ahnt, dass sich für Martha auch „oben" eine unbehagliche Bangigkeit eingenistet haben könnte.

Mama, die sich im Flur gerade zum Abholen der Zwillinge anzieht, steckt den Kopf wieder durch die Küchentür. „Auf Edyttas Schlafcouch, Süße, mit deinen Kissen. Edytta hat den Abend frei und schläft bei ihrem Mann. Nur für die eine Nacht, Martha", fügt sie bittend hinzu, „damit ich mal mit Gerda auf die Sahne hauen kann."

Martha seufzt. Ob es sich auch für Lutzi so anfühlt, woanders hingeschickt zu werden? Sie wünscht sich, sie könnte zusammen mit dem kleinen Hund von Gerda bei Frau Witt über Nacht parken.

Papa, der jetzt angestrengt Walnüsse knackt und damit den Teller verziert, scheint nicht vorzuhaben, sich auf ihre Seite zu schlagen.

Martha klettert zu ihm auf die Eckbank, nimmt ein paar Mandarinen und puhlt eine auf. Sie beißt auf Mandarinenstückchen und lässt sie spritzen.

„Am Montag kommen Mama und du zu uns nach Köln zum Rosenmontagszug, und abends fahren wir wieder nach Hause", sagt Papa tröstend. „Ich kann bei Oma und Opa an unserem Projekt weiterschreiben, während sie sich um die Zwillinge kümmern", erklärt er und zaust Martha durchs krause Haar.

Hm. Martha dreht den Kopf zur Seite; sie kratzt vorsichtig mit einem Messerchen die letzten Walnusskrümel aus den Schalen und tupft sie sich mit einem angeleckten Finger in den Mund. Alles fühlt sich heute verkehrt an und wird nicht durch Worte richtig. Aber bis zu Altweiber dauert es zum Glück noch ein paar Tage.

Wenn Mama nachher mit den Zwillingen zurück ist, dürfen sie „Findet Nemo" gucken. Max und Ella werden zwar herumzappeln und ständig nachfragen, aber dafür ist Papa zuständig.

Martha wird sich eine Decke schnappen, nahe am Naschteller liegen und im Unterwasserfilm versinken. Ihre Lieblingstiere sind Schildkröten, genauer gesagt: Unterwasserschildkröten. Wenn sie das Problem mit der Atemluft regeln könnte, würde sie wohl auf einer Schildkröte durch die Meere reiten wie Nils Holgersson auf einer Gans. Vielleicht zieht sie zum Film ihre Schwimmflossen an, damit die geschmeidiger werden. Mama hat ganz neue ergattert, die noch hart sind, aber an ihre kleinen Füße passen.

Papa und die Zwillinge verabschieden sich wie geplant am Donnerstag früh, weil sie fort sein werden, wenn Martha aus der Schule und vom Tauchkurs heimkommt. Mama brütet über ihren Baumfotos und ihrem zentnerschweren Baumkundebuch, um in ihrem Projekt voranzukommen. Papa und sie wollen nämlich einen Band herausbringen, in dem es – worum sonst? – um Bäume geht. Darin sollen sich Gedichte von Papa und Texte von Mama abwechseln mit Zeichnungen von Papas bestem Freund Urs.

Martha stiefelt hinter Robert und Hannes zur Schule, der Schwimmbeutel baumelt am Schulranzen, im Rucksack vorm Bauch stecken reichlich Butterbrote und eine Trinkflasche. Martha kann nicht an mulmige Bangigkeiten denken; sie hat Mühe, mit den großen, schnellen Schritten der beiden Jungen einigermaßen mitzuhalten, obwohl die ab und an stehenbleiben und sich nach ihr umsehen.

Eigentlich sollte so ein Geschleppe für Kinder verboten sein, meint Papa. Er würde ihr gerne tragen helfen. Aber soweit lässt Martha es nicht kommen. Auch wenn sie fast unter ihrem Gepäck verschwindet. Papa hat wahrscheinlich keine Ahnung, wie sie gehänselt würde, wenn sie als Viertklässlerin mit einer Schlepphilfe daherkäme.

Nach der Schule muss Martha donnerstags nur ein paar hundert Meter weiter zur Schwimmhalle gehen. Dort unterrichtet Herr Benn im Lehrschwimmbecken ein paar Kinder im Tauchen. Martha ist sehr gut darin, allerdings kann sie nicht stehen, wo die anderen im Wasser noch stehen können. Sie ist zu klein. Ihr Kopf schaut nur dann aus dem Wasser, wenn sie schwimmt. Darum hält sie sich an einer Schwimmnudel fest, solange Herr Benn etwas zeigt oder die anderen ihre Übungen vorführen. Immer noch besser, als nur vom Rand aus zuschauen zu können. Ohne diese Schwimmnudel müsste sie ununterbrochen auf der Stelle paddeln und Bewegungen machen, um sich über Wasser zu halten, während die anderen bequem stehen können.

Die Mitschüler aus der Tauchgruppe machen keine Witze mehr darüber, dass Martha (blubb, blubb, haha) verschwunden wäre, sobald sie neben den anderen zu stehen käme. Der Spott hat aufgehört, nachdem Martha sämtliche Ringe vom Boden hochgeholt hat, ohne dazwischen aufzutauchen. Wie eine Unterwasserschildkröte ist sie durchs Becken geglitten und hat dabei mit Tauchermaske und Schnorchel hantiert, als sei sie damit geboren. Herr Benn schien beeindruckt.

Er setzt Martha verlässlich nach dem Unterricht daheim mit seinem Auto ab. Ist besser so, da waren sich Mama und Papa einig.

Martha ist das recht. Sie hat nach dem Tauchen immer einen Wahnsinnsbärenhunger und ist froh, nach dem langen Tag nicht heimlaufen zu müssen.

Mama oder Papa, je nachdem wer gerade Marthas Mittagessen aufwärmt, lässt sich erzählen, wie oft und wie tief sie getaucht ist, wie viele Ringe sie raufgeholt hat, was man da unten von den anderen sieht und wie dumm manche sich anstellen.

Sie zeigen ihre Bewunderung und schaudern wegen der Abenteuer, besonders wenn sie sich vorstellen, dass Martha eines Tages im Roten Meer taucht. Oder im Pazifik. Dass Martha dort nach der Schule irgendwann forschen wird, steht nämlich so gut wie fest, und wird von Herrn Benn und Frau Löffler, Marthas Klassenlehrerin, geradezu empfohlen.

... und Martha taucht wieder auf

Herr Benn lässt Martha auch heute wieder direkt vor der Haustüre aussteigen. Martha packt ihre Sachen aus dem Auto, bugsiert sie zum Haus und klingelt. Sonst kommt Mama ihr dann immer an der Haustür entgegen und hilft ihr die vielen Sachen tragen.

Dieses Mal summt nur der Türöffner, und Martha muss zweimal die Treppen hinaufklettern, um Rucksack, Schulranzen und Schwimmbeutel nach oben zu tragen, weil Mama ihr Rufen nicht hört.

Das ist alles sehr merkwürdig und lässt nichts Gutes vermuten.

Martha schnauft und stöhnt sehr vernehmlich, als sie oben ankommt. Die Wohnungstüre steht auf, aber Mama ist nicht zu sehen. Aber wegen Marthas knurrendem Magen stellt sich die Mulmigkeit noch hinten an.

Martha schnuppert nach den erhofften Küchendüften. Nichts. Mama und Gerda sitzen rosig und fröhlich auf dem Sofa; sie sehen aber nicht so aus, als wenn sie den Herd für ein hungriges Kind bedienen möchten.

„Ich habe so einen Kohldampf", ächzt Martha und pfeffert alle Schulsachen an die Garderobe.

Gerda sagt: „Hallo, Martha."

„Hallo", sagt Martha. Und sehr nachdrücklich: „Mama, ich habe Hunger!"

Mama hält ihr eine Schale Salzstangen hin.

„Auf richtiges Essen!" Martha wird sauer.

Mama setzt das kleine Glas mit gelbem Zeugs ab, das sie gerade an den Mund führen wollte, und verschwindet in der Küche.

Gerda schenkt sich nach. „Ich habe dir was mitgebracht", sagt sie.

Gerda reicht Martha eine bunte Tüte, die mit einer Kordel zugebunden ist, und küsst Martha auf die Wangen. „Bist du groß geworden", nuschelt sie, wird rot und trinkt gleich noch einen Schluck von dem gelblichen Zeug.

„Bin ich nicht", sagt Martha trotzig, „aber Max und Ella schon, denen kannst du das sagen. Dafür tauche ich wie eine Ozeano-...Ozonologin, eine Meeresforscherin. Die brauchen nicht groß zu sein, die müssen nur super tauchen können und Biologie studieren."

Anschließend geht sie mit festem Schritt zu Mama. Das Wort mit Oz und login muss sie noch üben, aber Gerda dürfte jetzt Bescheid wissen.

Mama rührt mit Turbogeschwindigkeit in einem Topf. Es riecht nach Milch und Zucker, Grieß und Rosinen, nur ein klein wenig angebrannt. Das ist ein guter Duft, für den Martha bereit ist, auf Kartoffeln, Nudeln, Gemüse und sonst was zu verzichten.

Während der Grießbrei abkühlt, öffnet Martha Gerdas Geschenk. Sie zieht ein Stück Stoff mit Fell heraus. Mama sagt „ah", und „oh", „das hat Gerda selbst genäht", und „probier doch mal an", und Martha soll ihre Klamotten drunter anlassen.

„Soll das ein Katzenkostüm sein?", fragt Martha. Sie schlüpft hinein in diese Art Turnanzug, mit Kapuze und Fellöhrchen und seitlichen Schnurrhaaren. Sie wurstelt und schiebt, Mama zieht und zerrt. Beiden wird heiß, aber am Ende nutzt alles nichts: das Kostüm ist zu klein. Selbst, wenn man vom Po aufwärts den Stoffrücken ganz lang dehnt, reicht er nicht über Marthas Schultern. Mama und sie schauen sich ratlos an.

Gerda kommt mit der Eierlikörflasche und zwei Gläsern in die Küche. „Na, Ihr zwei", sagt sie, „und, wie sieht`s denn aus?" Dann schlägt sie die Hände vor den Mund, wackelt mit dem Kopf und ist ganz stumm.

„Tja", sagt Martha. „Zu klein. Für irgendein Wickelkind kannst du das wiederhaben. Oder für Lutzi. Ich gehe an Rosenmontag jedenfalls mit Taucherbrille und Schnorchel."

Mama und Gerda prusten los. Martha verzieht sich mit der Schüssel voll Grießbrei samt Kochlöffel in ihr Zimmer. Die beiden sind wirklich zu dämlich. „Ihr stinkt nach Schnaps!", sagt sie streng, bevor ihre Türe ein bisschen lauter zuschlägt als sonst.

Später, als Mama und Gerda vorsichtig anklopfen und eine bunte, längliche Schachtel durch den Türspalt schieben, hat Martha bereits ihren Schlafanzug gepackt und Kissen, Kuscheltiere und ein Buch zusammengelegt.

125

Auf der Schachtel sind allerliebste Kätzchen aufgemalt. „Puh, kitschig", sagt Martha.

„Lies doch mal", sagt Mama.

Martha liest: Feine Katzenzungen. „Ach, Schokolade", sagt sie widerwillig erfreut.

„Die waren auch in deiner Tüte", sagt Gerda. „Vielleicht nimmst du sie als Betthupferl mit zu Frau Witt."

„Danke", sagt Martha würdevoll. „Ziemlich nett von dir." Und weil sie neugierig ist, fragt sie durch den Türspalt: „Als was geht ihr eigentlich heute Abend?"

Da stürmen sie ins Zimmer, und nun ist es Martha, die prustet. Mama und Gerda haben ihre Gesichter erdig geschminkt und tragen braune Cordhosen und dunkle Wildlederstiefel. Mama breitet ihre Arme weit aus, grüne, luftige Stoffarme mit aufgenähten Blättern, weißen kleinen Blüten und Zweigen, auf dem Kopf trägt sie einen Filzhut. Gerda reckt ihre Arme nach oben und führt sie über dem Kopf zusammen.

„Soll das eine Zypresse sein?", fragt Martha, ganz die Tochter einer Baumkundigen. „Und Mama eine Linde? Haha, das hab' ich ja noch nie gesehen, verkleidet als Baum!"

Dann packen sie alle drei an, um Marthas Sachen nach oben zu tragen. Martha nimmt die Katzenzungen. Sie muss sich mit einer Hand am Geländer hochziehen. Für ihre kurzen Beine ist jede Stufe hoch.

Edytta ist schon im Mantel, um heimzugehen; sie nimmt den beiden Bäumen das Gepäck ab; Frau Witt sitzt versorgt für die

Nacht in ihrem Sessel, den sie zum Liegen verstellen kann, und schaut fern.

„Ich bin morgen früh pünktlich zurück und mache dir Frühstück", sagt Edytta und schüttelt noch Marthas Kissen zu einem gemütlichen Bett auf.

Als sich alle voneinander verabschiedet haben, hockt Martha sich zu Frau Witt und teilt mit ihr die Schokolade. Und wie beim Katzenzungenessen zu erwarten ist, fallen ihnen Katzen ein.

Frau Witt erzählt Martha von ihrer Kindheit mit Mimi. Sie streichelt dabei eine Katze, die für niemanden sichtbar ist außer für Frau Witt selbst. Aber Martha kann sich Mimi so gut vorstellen, als habe sie sie selbst gekannt. Nur dass die alte Frau mal ein Mädchen von acht Jahren war, ist für sie unvorstellbar.

Allmählich werden beide müde, so müde, dass sie kaum die Augen aufhalten können. Bei Martha kullern die Gedanken und Bilder die schräge Bahn des langen Tages träge hinab in die Nacht, wie ein Knäuel, das sich abwickelt.

Und dann, als es ganz still ist und auch Frau Witt leise schnarcht, gibt es ein kleines Geräusch. Martha ist mit einem Mal knallwach. Das klang wie das entfernte Miauen einer jungen Katze. Wenn sie es doch nur noch einmal hören könnte, um sicher zu sein! Auch Frau Witt hat ihre Augen wieder geöffnet und streicht unruhig mit ihren knotigen Händen über ihre Wolldecke.

„Sie ist aufgesprungen", murmelt sie, „bestimmt will sie ihr Futter."

Martha ist sicher, dass eine tote Katze nicht miauen kann. Und fressen ebenso wenig. Ihr ist unbehaglich zumute. Aber bevor es gruselig wird, fällt ihr ein, was Mama in solchen Fällen sagt. Mama würde ihr und auch Frau Witt wahrscheinlich klarmachen, dass sie nur geträumt haben.

„Vielleicht haben wir beide das Gleiche geträumt", sagt Martha und findet, dass das sehr beruhigend und erwachsen klingt.

Die alte Balletteuse nickt nachdenklich. „Ich bin überzeugt, dass man sich die Dinge nur fest genug vorstellen muss, und schon ist es, als würden wir sie erleben. So geht es mir sogar am hellen Tag mit Mimi, die mich wieder ein Kind sein lässt, und auch mit dem Balletttanzen. Dann fühle ich mich gleich wieder wie auf der Bühne."

Martha fühlt sich heute Abend, als wenn sie schon deutlich älter als neun wäre. Das liegt sicher daran, dass Frau Witt sich mit ihr unterhält wie mit Papa. Außerdem scheint sie ähnlich wie er zu denken. Papa glaubt ganz fest daran, dass man in seiner Phantasie überallhin reisen und alles machen kann. Das ist dann dem Träumen ganz ähnlich.

Martha will nun die Geschichte vom Katzenkostüm loswerden, das zu klein ist, obwohl sie im letzten Jahr kaum gewachsen ist. Und dass sie Unterwasserforscherin werden möchte und Karneval als Taucherin geht. Mit Flossen.

Frau Witt scheint einen Moment lang mit sich zu ringen. Dann neigt sie ihren Kopf zu Martha. „Ich könnte dir auch ein Trikot mit Tütü leihen. Edytta könnte es für dich passend umnähen."

Martha weiß nicht, was sie dazu sagen soll. Das ist wirklich nett, aber es kommt ihr sehr merkwürdig vor. Sie als Balletttänzerin zu Karneval?

Frau Witt knabbert versonnen an einer Katzenzunge. Dann schüttelt sie über ihren eigenen Vorschlag den Kopf. „Ich finde, Taucherin passt am besten zu dir, Martha. Ich kann mir richtig gut vorstellen, dass du Meeresforscherin wirst."

Bevor Martha an diesem Abend einschläft, malt sie sich einen Film aus: Buntes Gewimmel im blaugrünen Wasser, Luftblasen, dazwischen eine wendige Taucherin, deren Forschungsschiff auf den Wellen dümpelt, und im Sessel vor dem Fernseher eine uralte Frau, die sich sehr wundert, wie mutig und anmutig das Mädchen tauchen kann, das sich so gar nicht zum Balletttanzen eignete.

Geburtstagsvorfreude

Zitronenkuchen mit einem dicken Überzug aus Puderzucker und Zitrone hat sich Martha wie jedes Jahr zum Geburtstag gewünscht. Für jeden mindestens drei Stücke. Eine Tüte rosaweiße Schokolinsen mit Pfefferminzüberzug für sich allein. Ein Buch über Wale und Delfine. Und ein Handy. Das Handy bitte dieses Mal aber dringend.

Martha wird zehn. Jedes Jahr wird gefeiert, auch wenn man dafür selten den richtigen Tag erwischt. Meistens muss sie drumherum feiern.

Also, um es genau zu sagen: Martha hat bisher erst zweimal an dem richtigen Geburtstag, am 29. Februar, gefeiert. Weil es den nur alle vier Jahre einmal gibt, nämlich in einem Schaltjahr, und am Tag ihrer Geburt für vier Jahre erst einmal Pause damit war, gab es den zweiten richtigen Geburtstagstag erst, als sie vier wurde.

Da waren die Zwillinge in Mamas Bauch schon fast fertig. Beim dritten Mal wurde sie acht, und Papas Freund Urs, der zufällig aus der Schweiz angereist war, um mit Papa einen Kurs an der Uni zu geben, hatte ihr genau erklärt, was es mit Schaltjahren auf sich hatte. Das war kompliziert, aber für Hannes und Robert, Mia und Leni reichte Marthas Zusammenfassung aus: Ein Schaltjahr gibt es alle vier Jahre, um einen Tag aufzuholen, weil sonst ein Jahr zu kurz wird und demnächst Weihnachten auf Nikolaus fällt.

Urs, der sich mit Astronomie auskennt und wunderschöne Fotos vom Sternenhimmel macht, konnte Martha viel vom Jahr, den Tagen und Monaten und Mond- und Sonnenlauf erzählen. Der achte Geburtstag mit ihm als Gast war toll, obwohl Martha für Urs ihr Zimmer räumen und zu den Zwillingen umziehen musste.

Den neunten Geburtstag hatten sie am 1. März gefeiert, weil es den 29. Februar in jenem Jahr nicht gab. Oma und Opa aus Köln kamen zu Besuch und brachten eine Armbanduhr mit knalltürkisem Lederband für Martha mit. Ein Handy wäre ihr lieber gewesen, aber da waren Mama und Papa sich einig: nicht mit neun. Und nur sehr vielleicht mit zehn.

Es gibt also Hoffnung. Und dieses Mal feiern sie schon am 28. Februar, weil dann Mittwoch und in der Pizzeria Da Lino günstiger Familientag ist.

Mittlerweile kann man sogar mit den Zwillingen ins Lokal gehen. Immerhin werden sie bald sechs und im kommenden Sommer eingeschult. Sie haben übrigens am 1. April Geburtstag. Das ist der Tag, an dem man in vielen Ländern Aprilscherze macht, was heißt, dass man andere Menschen auf den Arm nimmt.

Letztes Jahr hat Martha Max und Ella einen Riesenschrecken eingejagt, als sie ihnen ganz früh morgens, noch vor Mamas und Papas Geburtstagswecken, mitteilte, das Schaltjahr habe einen Tag runtergeschaltet und den 1. April geschlabbert. Der Doppelgeburtstag fiele also leider heute aus.

Max hat ein ziemliches Wutgeheul angestimmt, aber Ella hat ihre große Schwester nur skeptisch angesehen. Dann hat sie gesagt, dass ihr das nichts ausmacht, weil sie dem Osterhasen Bescheid sagen würde. Der käme schließlich sowieso und könnte die Geschenke mitbringen.

Aber nun feiern sie erst einmal Marthas zehnten Geburtstag, einen Tag früher, genau auf der Kante zwischen Februar und März. Frau Witt, die ein wenig abergläubisch ist, meint, das mache man nicht.

Aber Papa hatte eine gute Idee: Es bliebe sicher Kuchen übrig, und Martha könne einen Tag nach der Feier zwei Stücke davon mit zu der alten Balletteuse nehmen. Dann ist sowieso Donnerstag, wo sie mit Frau Witt immer Brettspiele macht. Und so können sie am ersten März ein bisschen Geburtstag zusammen nachfeiern; zum Ausgleich für das Vorfeiern.

Martha ist neugierig. Was wird sie bekommen? Wünsche sind schließlich keine Bestellungen.

Der Zitronenkuchen scheint ihr sicher. Mama hat sie der Küche verwiesen und einen Korb mit gewaschenen Socken zum Sortieren in Marthas Zimmer gestellt. Wenn sie damit fertig ist, muss sie ihr Zimmer aufräumen und saugen.

Martha hat einen eigenen kleinen Handstaubsauger (zum achten Geburtstag) bekommen, mit dem sie leicht umgehen kann. Max und Ella sind mit Mama in der Küche. Martha meint, den Kuchen schon zu riechen.

Sie beginnt mit den farbigen Socken, rot zu rot, blau zu blau. Außerdem achtet sie auf die Größe. Ihre eigenen sind die kleinsten, Papas die riesigsten. Aber auch Mama hat ziemlich große Füße. Ihre Socken erkennt man gut; sie sind alle aus Wolle und geringelt.

Mama hat Martha beigebracht, mit der Hand in jeden Socken hineinzufahren, damit man sieht, ob Löcher darin sind. Die kaputten werden auf ein gesondertes Häufchen gelegt. Wenn alle Teile auf Stapel verteilt sind, dreht Martha sie paarweise ineinander.

Mama ist jedes Mal „von den Socken", weil Martha immer eine Idee hat, wo ein einsamer, übriggebliebener Strumpf seinen Kumpel finden könnte.

Bei dieser Beschäftigung kann man sich prima seinen Gedanken und der Vorfreude auf den morgigen Tag hingeben. Zehn zu werden hat nämlich noch einen Vorteil:

Mit sechs Jahren kriegen Kinder bei der Familie Muth ihr erstes Taschengeld. Die Zwillinge werden das in ein paar Wochen erleben. Und für Martha, die immerhin seit fast vier Jahren schon wöchentlich welches bekommt, gibt es dieses Jahr nicht nur eine Erhöhung – ab jetzt wird das Taschengeld nur noch einmal im Monat gezahlt. Dann gibt es herrlich viel Geld auf einmal, und zwar achtzehn Euro, gleich zu Anfang des Monats.

Hannes hat sie gewarnt: „Das ist viel schwieriger einzuteilen. Es ist so schnell weg", sagt er.

Vorher, mit neun Jahren, gab es drei Euro in der Woche. Und je nachdem, wie die Wochen im Monat untergebracht waren, machte das entweder zwölf oder fünfzehn Euro im Monat.

133

Martha darf ihr Taschengeld seit dem siebten Geburtstag verwenden, wie sie will: Schokolinsen kaufen, Hannes und Robert zwanzig, dreißig oder fünfzig Cent für deren zerlesene Heftchen überlassen, auf dem Trödel Legos ergattern – oder für etwas sparen.

Seit einem Jahr legt sie einen Teil ihres Taschengeldes für einen Ausflug zurück. Sie möchte mit ihren Eltern und den Zwillingen in einen Unterwasserzoo – und Hannes, Robert, Mia und Leni sollen mit.

Martha hat sich vorgenommen, das Eintrittsgeld für ihre Freunde selbst zusammenzubekommen. Oma und Opa werden ihr in diesem Jahr etwas Geld schenken; das bringt sie schneller ans Ziel.

Mama wollte wissen, warum denn so viele mit sollen. Papa und sie hätten eigentlich schon genug Kinder für ein Eisenbahnabteil. Papa fand, dass Martha nicht in Ruhe würde gucken können – nicht bei sieben Kindern.

Aber Martha ließ sich nicht davon abbringen: „Wir können Proviant mitnehmen und uns den Kindergeburtstag sparen", sagte sie. „Ich habe sowieso keine Lust auf Schnitzeljagd oder Schatzsuche."

Sie musste daran denken, dass sie immer hinterherhechelt, wenn sie gemeinsam spielen. Jedenfalls, wenn die Jungs dabei sind. Und eine Feier nur mit Mädchen? Da fallen ihr Mia und Leni ein, aber zwei sind zu wenig für eine Feier. Zu dritt kann man sich ja jeden Tag treffen.

Martha schiebt den Korb mit den fertig sortierten Socken zur Zimmertür hinaus. Jetzt noch aufräumen. Sie macht ihre Schreibtischplatte frei, damit sie morgen die Geschenke darauf ausbreiten kann.

Die ganze Wahrheit hat sie Mama und Papa nicht gesagt. Es gibt noch einen Grund, warum sie sich den Ausflug mit den Vieren wünscht: Mia und Leni spielen Instrumente, Mia Blockflöte und Leni Gitarre. Und Robert und Hannes spielen Fußball, Hannes sogar ziemlich gut, aber Robert ist auch geschickt. Immerzu werden alle bewundert und ermutigt; sie haben etwas, womit sie bei den anderen glänzen können.

Dass Martha sich außergewöhnlich gut mit Tieren auskennt, vor allem mit denen, die unter Wasser leben, das wissen Mama und Papa und natürlich Frau Löffler. Aber wirklich mitkriegen tut das sonst keiner.

Das wäre doch was: Martha stellt sich vor, wie sie mitten in ihrer Gruppe steht und mit dem Finger (oder am besten einem Stöckchen) auf die schwimmenden Lebewesen zeigt, deren Namen sie nennen und von denen sie erzählen kann, wie sie leben. Um sie herum würden alle die Augen und Ohren und (wie Fische) den Mund aufsperren – und aller Bewunderung wäre ihr gewiss.

Martha nimmt den Akkustaubsauger vom Ladegerät und düst energisch über den Boden, bis in die Ecken. Sie singt sämtliche Geburtstagslieder, die sie kennt. Herrliche Tage stehen ihr bevor.

Der Ersatzgeburtstagstag

Der Geburtstagsersatztag fing so an, wie Martha es sich gewünscht hatte. Sie wurde vom Singen ihrer Eltern geweckt, dann hopsten die Zwillinge auf ihr rum, während sie sich noch im Bett räkelte, gaben ihr feuchte Küsse und wedelten mit selbstgemalten Meereswimmelbildern. Bereits zum Frühstück durfte Martha den Zitronenkuchen anschneiden und jedem ein Stück auf den Teller laden.

Geschenke würde es nach der Schule geben. Martha schielte unauffällig umher, aber sie konnte nichts sehen, das aussah wie eine verpackte Überraschung.

Auf Schule hatte sie heute wenig Lust; sie war so gespannt. Das Handy ... es wäre zu schön. „Alle haben eins, nur ich nicht", hatte sie im letzten Jahr mehrfach geklagt. Aber Mama hatte auf dem Elternabend nachgefragt, und siehe da: Ein paar wenige Kinder hatten noch keins, und bei einigen gab es feste Regeln für die Benutzung.

In der Schule gratulierte Frau Löffler Martha gleich in der ersten Stunde und nahm den Geburtstag zum Anlass, über Schaltjahre und Kalender zu sprechen. Martha wusste das schon; sie träumte in der Zeit. Heute Nachmittag Bescherung, am frühen Abend Pizza essen. Mitten in der Woche ein kleines Fest. Nur noch ein paar Schulstunden.

In der großen Pause stand sie mit Mia und Leni zusammen. Leni fragte, ob Martha sich zum Ausgehen am Abend schick machen würde.

Martha war verwundert. Gerda vor allem, aber auch Mama machten sich schick, wenn sie ausgingen. Oma Ilse auch. Edytta war immer geschminkt und „wie aus dem Ei gepellt", wie Mama es bewundernd nannte. Frau Löffler war auch immer so angezogen, als könne sie von der Schule aus gleich in ein feines Restaurant gehen. Aber sie, Martha?

Zehn Jahre alt und mal gerade ein Meter und fünfzehn Zentimeter groß – oder sollte sie ‚klein' sagen? Mit Haaren wie Pumuckl, nur nicht so rot, einer Brille in Türkis (die pinkfarbene hatte sie, als sie noch jünger war) und mit einer Wäschekommode voll Klamotten in Größe 110 bis 116, einer Größe, die sonst Kindern mit sechs Jahren vorbehalten war. Und selbst da musste Mama manchmal noch die Ärmel oder die Hosenbeine umnähen.

Und Schmuck und Schminke konnte sie sich schon gar nicht vorstellen. Die Armbanduhr von Oma und Opa, ja, die doch. Die würde sie tragen.

Da zählte Martha lieber auf, was sie sich gewünscht hatte und wie sie die nächsten Tage verbringen würde. Um den Besuch bei Frau Witt beneideten Mia und Leni Martha sehr. Ein ganzes Ballettzimmer, mit Stange und Spiegel? Das würde auch ihnen gut gefallen. Martha versprach, bei der alten Balletteuse nachzufragen, ob sie ihre Freundinnen einmal mitbringen dürfte.

Vom Ausflug in den Unterwasserzoo und ihrem Wunsch, dass die beiden samt Hannes und Robert mitkommen sollten, verriet sie nichts. Erst wenn sie das Geld für den Eintritt beisammen hätte, würde sie mit Mama richtige Einladungskarten malen.

Für den Nachmittag hatten sich Mama und Papa frei genommen, um mit Martha zusammen die Zwillinge aus dem Kindergarten abzuholen und anschließend Bescherung zu feiern.

Aber erst einmal aß Martha mit ihren Eltern zu Mittag. Papa hatte seine weltbesten Frikadellen gebraten, in denen kein Gramm Fleisch war. „Geheimrezept", sagte er immer. Martha vermutete, dass er lauter fällige Reste darin unterbrachte, aber sie muckte nicht. Die Dinger waren zu köstlich. Außerdem hatte Papa dazu Bratkartoffeln, Apfelmus und Bohnensalat gemacht. Eins von Marthas Lieblingsessen.

Marthas Neugier brannte, aber bis zu den Geschenken würde es noch ein Weilchen dauern.

„Kein Grund zur Ungeduld", sagte Papa. „Normalerweise müsstest du ja sowieso einen Tag länger warten."

Endlich sind sie daheim. Es gibt Kakao und Zitronenkuchen; das Auspacken kann losgehen. Martha umkreist das kleinste Paket. Es ist eckig und sieht, naja, wie ein verpacktes Kartenspiel aus. Es könnte sich ein Handy darin befinden.

Plötzlich hat sie Angst, enttäuscht zu werden und greift lieber zum größten Paket. Es ist das ersehnte Buch über Delfine und Wale. Martha jauchzt auf. Voller Informationen und Bilder, voller spannender Dinge, die sie unbedingt wissen möchte, wenn sie sie nicht jetzt schon weiß. Schokolinsen sind auch da. Martha gibt gleich eine Runde aus.

Die Zwillinge bekommen ein kleines Trostpäckchen von Mama und Papa, das machen sie immer so am Geburtstag. Dieses Mal gibt es neue Knete und Straßenmalkreide für sie, die sie am liebsten gleich ausprobieren würden. Aber noch warten alle gespannt darauf, dass Martha das letzte Päckchen öffnet. Sie weiß nicht, wie sie die Schleife lösen soll. Am Ende reißt sie sie samt Papier herunter.

Ja, endlich, es ist ein Handy. Eins, das auch viele aus ihrer Klasse haben. In einem türkisfarbenen Etui. Mit Zubehör wie Kopfhörern und Ladekabel, Beschreibung und Garantieschein. Wie aufregend!

Martha jubelt. Sie umarmt ihre Eltern, wozu sie von ihrem Stuhl herunterklettert und bei Mama und Papa wieder hinauf. Max und Ella machen „boah, männo" und wollen das Handy untersuchen, doch Mama nimmt es ihnen fort. „Das Einrichten machen Martha und ich in den nächsten Tagen, erst einmal müssen wir es aufladen."

Martha sorgt dafür, dass der Akku voll werden kann. Dann müssen sie sich fertig machen, um zur Pizzeria zu gehen. Zu Fuß! Mama besteht darauf. Martha will wissen, was sie anziehen soll. Mama sagt: „Den dicken Anorak natürlich."

Das ist es nicht, was Martha meint. Ihr war plötzlich Mias Frage eingefallen, ob sie sich schick machen würde. Martha schaut an sich herunter. Sie trägt ein grünes Sweatshirt mit einer Robbe drauf und eine rote Cordhose. Damit geht sie zur Schule, damit spielt sie daheim.

„Ich will mich fürs Restaurant umziehen", ruft sie und verschwindet in ihrem Zimmer. Ella saust hinterher. Das will sie mitkriegen. Mama schaut sehr erstaunt, schnalzt mit der Zunge und geht ins Bad. Max und Papa müssen die Küche flott aufräumen.

Martha reißt sich ihr Sweatshirt über den Kopf, steigt auf eins der Höckerchen, von denen so viele bei ihnen herumstehen, und schaut in ihre Kommode.

Die rote Hose ist ok, die kann bleiben. Aber obenherum? In ihrer Kommode liegen ein paar Sweatshirts, ähnlich wie das, was sie gerade trägt. Außerdem eine Bluse für den Sommer, ein paar T-Shirts, zwei dicke Wollpullis. Martha hätte jetzt gerne etwas – na ja, etwas Feineres.

„Ich finde nichts", schreit sie, damit Mama Bescheid weiß, warum es so lange dauert. Braun ist trist. Das Blaue ein wenig verblichen. Und dann stützt sie sich ratlos mit den Ellbogen auf die oberste Kommodenschublade. Das weiße ist mit Minnie Maus drauf. Zu kindisch.

„Ich hab nix Richtiges zum Anziehen", sagt sie, als sie aus ihrem Zimmer kommt. Das grüne Sweatshirt hat sie versehentlich auf links wieder angezogen. Die Robbe sieht auf der Innenseite des Stoffes eher aus wie Wachsreste.

Ella tippt mit dem Finger auf Marthas Brust. „Das sieht bescheuert aus. Ich leih dir meinen blauen Nicki. Der ist noch wie neu."

Martha stutzt. Der nachthimmelblaue Nicki von Ella lag Weihnachten vor über einem Jahr unterm Weihnachtsbaum. Ella hatte ihn sich gewünscht. Martha findet ihn wunderschön. Das ist nett von Ella, sogar sehr nett. Martha weiß nicht, ob sie das auch tun würde, ihr bestes Stück verleihen. „Danke", sagt sie, „Ich pass gut auf. Danach kriegst du ihn wieder."

Ella holt den Nicki. „Da", sagt sie, „Mama meint, der ist mir sowieso zu klein."

Martha streift den Nicki über. Für den Kopf ist er ein bisschen eng am Halsausschnitt. Ansonsten fühlt er sich gut an. Martha steigt auf den Flurhocker und betrachtet sich im Spiegel. So gefällt sie sich.

Doch dann wird ihr heiß. Tränen schießen ihr in die Augen. Das geht auf keinen Fall! Sie muss das Ding wieder ausziehen. Bei Hannes und Robert trägt der jüngere Bruder die Sachen des älteren. Das ist die Reihenfolge.

„Was machst du?", fragt Ella, als sie sieht, dass Martha ihren Kopf wieder hindurchzwängt und den Nicki auszieht. „Der stand dir voll gut!"

Martha schluckt. „Ich bin die Ältere. Ich kann doch nicht deine Sachen anziehen. Tu ihn weg." Ihr ist ganz elend zumute. Sie soll Max' und Ellas Anziehsachen „erben"? Welche Schmach!

Mama kommt aus dem Bad. Sie duftet. „Was ist los, Martha?" fragt sie. „Tränen am Geburtstag?" Sie nimmt Martha in den Arm, sieht Ellas Nicki und begreift noch nicht.

„Martha ist traurig, weil sie so klein ist", fasst Ella die Szene zusammen. „Muss sie aber nicht. Wir kaufen einfach nur noch die allertöllsten Sachen für mich. Die kann sie dann immer haben, wenn ich rausgewachsen bin."

„Und für Max' Fahrrad brauchst du nicht einmal Geburtstag zu haben", fügt Mama lächelnd hinzu. „Wenn der bald ein größeres braucht, kriegst du sein kleineres – einfach so, zwischendurch."

Martha ist es kalt. Sie zieht Ellas kuscheligen Nicki an, der ab heute Abend in ihrer Schublade liegen wird. So schlecht ist das nicht. Man kann die Dinge so oder so sehen.

Martha hat einen Plan – für Gerda

Manchmal passiert wochenlang gar nichts – wenngleich dieses Garnichts bei einer Familie mit drei Kindern nicht das gleiche ist, wie das Garnichts bei Oma und Opa in Köln.

Das Garnichts bei den Muths heißt: trotzdem Lärm, vergessene Turnbeutel, Rangeleien zwischen den Zwillingen, ausgefallene Milchzähne, morgens sehr früh aufstehen und den ganzen Tag auf Trab sein, eingeklemmte Finger in der Tür, eine kaputte Autobatterie und Papa, der seine Sachen nicht findet. Um nur ein paar Dinge aufzuzählen. Übergekochte Milch, ein nass gewordenes Buch, verlegte Brille könnte man auch erwähnen. Unter anderem.

Das Garnichts bei Oma und Opa ist anders. Es heißt Gähnen, die Uhr ticken hören und vergeblich im Kulturprogramm nach einer schönen Veranstaltung gucken und keinerlei Verabredungen haben.

Wochenlang war also bei Muths so gut wie gar nichts los; die letzten zwei Wochen Sommerferien vergingen wie ganz normale Tage, nur ohne Schule. Und dann passierten gleich zwei große Ereignisse auf einmal:

Einschulung, und zwar leider doppelt. Ganz klug geplant hatte die Grundschule den allerersten Schultag der Zwillinge für den zweiten Tag nach Ende der großen Ferien. Und ebenso klug wollte die Gesamtschule es anstellen, die ihre erste Klasse, nämlich das fünfte Schuljahr, neu in ihre Schule aufnehmen sollte.

Auch sie wählte den zweiten Schultag. So kam es, dass Mama und Papa sich eigentlich hätten zweiteilen müssen, um mit ihren Kindern den ersten Schultag zu begehen.

Sie besprachen das Problem mit Martha. Martha sah ein, dass die Zwillinge, die im April erst sechs geworden und außerdem zu zweit waren, auf keinen Fall nur mit einem halben Elternpaar zur Einschulung gehen sollten. Martha konnte sich gut erinnern, wie aufregend das vor vier Jahren für sie war.

Aber auch sie wollte nicht allein zum ersten Mal in die neue Schule gehen. Jemand sollte mitkommen. Oma Ilse und Opa Werner fielen aus. Opa hatte eine neue Hüfte gekriegt, und Oma musste für ihn da sein. Da war an Verreisen nicht zu denken. Die Familie von Papa aus der Heide hatte den Bauernhof zu versorgen. Außerdem war die Heide ein bisschen zu weit weg für eine Einschulungsfeier.

Mama schaut Martha ratlos an: „Martha, meine Große, du darfst dir wünschen, wer mitkommen soll."

Martha überlegt: sie kennt in der neuen Schule Hannes, den älteren Bruder von Robert. Und den frechen Lars, der jetzt ein meistens hilfsbereiter Pfadfinder geworden ist. Außerdem wird Mia dort mit ihr eingeschult; sie ging mit ihr in die gleiche Grundschulklasse. Leni würde zur Realschule wechseln. Ein paar Kinder kennt sie. Aber die meisten sind ihr fremd, und viele würden mit ihren Eltern dort sein. Mulmig ist ihr bei der Vorstellung. So allein, so klein, die Blicke, das Tuscheln. Sie will, dass jemand mitkommt.

„Sind Hunde bei der Feier erlaubt?", fragt Martha ihre Mutter ohne große Hoffnung.

Die schüttelt ratlos den Kopf. Dann lacht sie auf. „Soll ich etwa Gerda fragen, ob sie dich begleitet?"

„Mach ich selbst", sagt Martha. „Wenn du mir die Telefonnummer gibst."

Gerda ist Mamas beste Freundin; ihr damals noch ganz junger Hund Lutzi gefiel Martha vor einigen Jahren wesentlich besser als ihre neugeborenen Geschwister Max und Ella.

Martha wählt Gerdas Nummer und muss ihr aufs Band sprechen, denn Gerda ist unterwegs. Ihr Anrufbeantworter behauptet das zumindest und macht zwischendurch witzigerweise „Wuff". Gerda teilt mit verstellter Stimme mit, dass Lutzi den Anrufer auffordert, sein Anliegen vorzutragen.

„Hallo, hier ist Martha", sagt Martha deutlich, „du weißt schon, welche. Ich wollte dich fragen, ob du nächste Woche Donnerstag Zeit hast. Ruf mich bitte an."

Dann zögert sie und wechselt das Telefon ans andere Ohr. „Schönen Abend noch und Gruß an Lutzi."

Martha und ihre Geschwister gehen gerne früh ins Bett. Meistens jedenfalls. Das ist sehr ungewöhnlich für so lebhafte Kinder, und sehr, sehr angenehm für Eltern, gibt Papa zu. Der einfache Grund ist: Vorgelesen wird nur, wenn die Kinder um halb acht „geschniegelt und gestriegelt" im Bett liegen, nachdem Abendbrot gegessen und der Tisch abgeräumt wurde. Martha kann zwar schon lange selbst lesen, aber an Papas

Märchen und Geschichten kommt wenig heran. Martha hat Papa in den letzten Tagen für sich, weil Mama den Zwillingen Karlsson vom Dach vorliest.

Heute erzählt Papa Martha die Sage von Friedrich Barbarossa. Und nicht nur das: Er weiß sehr viel über Dinge, die nicht erdichtet, sondern tatsächlich passiert sind. Martha kann ihn nach allem fragen, Papa antwortet geduldig, und wenn er etwas nicht gleich weiß, schaut er es für den nächsten Abend nach. Martha kann nicht sagen, was spannender ist: Die Sage oder die Wirklichkeit. Sie weiß nur, dass sie die Stunde mit Papa wunderbar findet.

So überhören alle, dass Gerda zurückruft. Auch sie spricht auf den Anrufbeantworter. Sie sagt, wie Martha am nächsten Tag erfährt, dass sie zufällig nächste Woche Donnerstag und Freitag Überstunden abfeiert. Was bedeutet, dass sie frei hat.

Als Martha am nächsten Morgen Gerdas Anruf abhört, weiß Mama schon mehr. Sie hat nämlich Gerda am Abend zurückgerufen – und wahrscheinlich stundenlang mit ihr telefoniert. Und Mama hat, weil Gerda so neugierig gefragt hat, auch gleich verraten, was Martha von ihr gewollt hat.

„Und?", fragt Martha und beißt ein großes Stück vom Käsebrot ab, „kommt sie?"

Mama nickt. „Mit Lutzi. Der ist mittlerweile ruhiger geworden; man kann ihn ruhig ein paar Stunden allein lassen. Wir sperren ihn in die Küche, er kriegt seine Decke und einen Napf. Ihr müsst ihn nur vorher rauslassen, damit es keine Pfütze in der

Küche gibt. Oder Schlimmeres." Damit leert Mama ihre Kaffeetasse und steht auf.

Die Zwillinge freuen sich mit. Gerda mit Lutzi, das ist toll. Das heißt Süßigkeiten von Gerda für die Kinder, herumalbern mit Lutzi, abends nicht aufräumen müssen und vorsätzlich das Zähneputzen vergessen, weil Mama und Gerda sich völlig verquatschen. Mit ein bisschen Glück sitzen sie in der Küche, dann kann Papa für die Kinder im Wohnzimmer einen Film laufen lassen. Schöner Schulanfang!

Papa runzelt die Stirn. „Am nächsten Morgen geht allerdings der Wecker früh", sagt er, „und zwar für alle Kinder."

Davor ist Martha nicht bange. Sie ist froh. Gerda wird zur Einschulung mitkommen. Die Frage ist: Wird sie morgens pünktlich sein? Werden sie mit dem Auto hinfahren? Wird Gerda die Schule finden? Wenn Martha etwas entsetzlich findet, dann das: abgehetzt, verschwitzt, mit wackelndem Schulranzen als Letzte auf einer Feier anzukommen und alle Aufmerksamkeit auf sich zu ziehen.

Niemand soll Witze machen, wenn Martha zum ersten Mal in die weiterführende Schule geht. Sie muss Gerda auf ihre Aufgaben vorbereiten. Immerhin ist es Marthas Tag.

Ihr fällt ein, dass sie einen Plan für Gerda schreiben könnte. Und wann sie bei ihnen sein soll, um auch wirklich Zeit genug für den Weg zu haben. Sie kennt das: Der Verkehr stockt, die Ampeln sind rot, Papa findet keinen Parkplatz, und schwupps, ist man zu spät. Die Feier hat angefangen. Womöglich stehen sie dann ganz hinten, wo Martha nichts sehen kann.

Stöckelschuhe sind zum Beeilen ganz schlecht. Das muss sie Gerda unbedingt mitteilen. Der rote Lackledermantel, über den Papa schon Scherze gemacht hat, auch. Schließlich sind sie nicht bei der Feuerwehr. Wie soll sie Gerda das so beibringen, dass die versteht und nicht gekränkt ist? Außerdem, fällt ihr ein, ist da ja noch Lutzi, der in der Frühe versorgt werden muss.

Martha schreibt Gerda einen Brief. Die Einladung zur Einschulung mit Datum, Uhrzeit und Adresse hängt in der Küche an der Pinnwand. Martha notiert für Gerda das Wichtigste. Sie weiß auch, wie man einen Umschlag beschriftet. Eine Briefmarke findet sie bei Papa. Martha faltet den Brief sorgfältig. Aber bevor sie ihn losschicken kann, muss sie unbedingt noch etwas in Erfahrung bringen.

„Papa, fährst du mit mir morgen früh zu meiner neuen Schule?", fragt sie.

Papa schaut ein wenig irritiert. Er kratzt sich am Kopf. „Sind die Ferien denn schon um?"

„Ich will die Zeit stoppen", sagt Martha und tippt auf ihre Armbanduhr in Türkis. Dann fällt ihr das Handy ein. Dafür wäre es sehr geeignet. „Die Zeit, die wir brauchen und wie weit der Weg ist."

Papa pfeift anerkennend. „Gut", sagt er, „auf dem Rückweg Brötchen für alle?"

Martha nickt. Brötchen, fein. Auf dem Rückweg muss niemand mehr die Zeit stoppen. Außerdem will sie auf einen vorbereiteten Zettel gleich die Fahrzeit und die Kilometer übertragen. Brief zukleben, sofort ab damit in den Postkasten. Dann hat

Gerda genügend Zeit, sich auf ihren Einsatz einzustellen. Es ist beruhigend, für große Ereignisse einen Plan zu haben.

Gastfreundschaft

Die Küchentür macht ein Geräusch, das man für Zuschlagen halten könnte. Dabei ist nur Durchzug, und Martha hat versehentlich die Hand von der Türklinke gleiten lassen. Türenschlagen ist bei Muths ziemlich unbeliebt.

Aber der Knall, der dabei entsteht, als die Tür ins Schloss fällt, entspricht ziemlich genau dem, was Martha empfindet. Sie ist zornig. Und wie!

Vielleicht ist die Hand gar nicht so unabsichtlich abgerutscht; vielleicht hat die Hand genau gewusst, wie es in Martha aussieht und will es mit dem Knall auch Mama und Papa zeigen.

Martha stapft in ihr Zimmer, in dem das Bettzeug im geöffneten Fenster lüftet. Aufräumtag bei Martha, samt Staubsaugen. Hat Papa angeordnet. Dann packen und das Nachtzeug zu den Zwillingen rüber bringen, weil dort eine Matratze auf dem Boden für ein langes Wochenende Marthas Schlafplatz werden soll.

Drei Tage lang kein eigenes Zimmer. Vier Abende beim Einschlafen die plappernden, zappeligen Zwillinge ertragen, die sich als frisch gebackene Erstklässler so groß fühlen, dass es kaum zum Aushalten ist.

Und warum? Weil Besuch kommt. An Marthas achtem Geburtstag vor zwei Jahren allerdings, da hat sie mit Freude für Papas Schweizer Freund Urs Platz gemacht. Das heißt, genau genommen, kam die Freude über den Besuch erst nach ein paar

Stunden. Vorher war Martha nämlich nicht begeistert, ihr Reich aufzugeben, um es einem fast fremden Mann zu überlassen, der ihr viele Stunden mit Papa stehlen würde. Aber Urs erwies sich als ein Superheld: Er kannte sich mit Astronomie aus, konnte Martha Sternbilder erklären, interessierte sich für die damals vierjährigen Zwillinge (ganz anders als sonstige Besucher) nicht die Bohne und zeigte Martha deutlich, dass er sie für eine kluge und sehr sympathische Person hielt.

Und jetzt, obwohl Urs wieder kommt, bleibt jede Freude aus. Wie gerne würde Martha ihm vom ersten Schultag mit Gerda erzählen, von der neuen Schule, und dass sie jetzt für fast jedes Fach eine andere Lehrerin oder einen anderen Lehrer hat. Urs würde sicher staunen und sich mit ihr über allerlei wichtige Dinge und das Universum unterhalten wollen.

Urs wird seine Tochter mitbringen, von der er bei seinem letzten Besuch kaum gesprochen hat, jedenfalls nicht Martha gegenüber. Mama und Papa gegenüber schon, leise, besorgt, vielleicht sogar traurig.

Urs' Tochter heißt Helgrit und ist ein wenig älter als Martha, und sie hat es – so meinen zumindest Mama und Papa – viel schwerer im Leben als Martha. In der Schule, mit Freunden, gesundheitlich und überhaupt. Dabei ist sie dünn und lang. Sehr dünn und sehr lang.

„Das muss kein Vorteil sein", hat Mama gesagt, „und kein Vergnügen." Außerdem sieht Helgrit schlecht und findet selten einen Grund zu lachen. Meistens ist sie so aufgeregt, dass sie sich die Unterarme aufkratzt und nicht wieder damit aufhört, bis sie bluten.

Helgrit heißt ‚die Schöne' und ‚die Unversehrte', hat Papa gestern Martha erklärt. Urs und die Mutter von Helgrit, bei der das Mädchen auch lebt, haben diesen Namen gewählt, weil schon bei der Geburt feststand, dass es gut wäre, beschwörende Wörter zu finden, um das Elend in Schach zu halten.

Dass Martha ‚Herrin' und ‚Gebieterin' bedeutet, hat Papa für Martha bei der Gelegenheit gleich nachgeschaut. Bei ihrer Geburt hatten sie den Namen einfach nur schön gefunden und gewusst, dass er auch in der Bibel vorkommt, hat Papa erzählt. Und so ganz nebenbei: Es gibt auch einen Film mit ihrem Namen, „Bella Martha". Das ist einer von Mamas Lieblingsfilmen.

Von wegen ‚Gebieterin' oder ‚Herrin'. Mama und Papa haben einfach bestimmt, dass Martha ihr Zimmer räumt. Sie hatten gute Gründe, aber die sind Martha gerade gleichgültig. Ein fremdes Mädchen wird in ihrem Zimmer schlafen, an ihre Sachen gehen, und wer weiß, was sie sonst noch anstellt. Urs wird keine Zeit für Martha haben, denn er hat jetzt sein Sorgenkind dabei. Oder schlimmer noch: Er wird mit Papa arbeiten und mit Mama plaudern, und sie, Martha, kann sich mit der schrulligen Tochter abgeben. Das kann ja ein dämliches Wochenende werden. Am besten würde sie so lange zu Frau Witt ziehen. Bloß: Wer gibt dann Acht, dass sich Helgrit, oder wie dieses Riesenbaby heißt, nicht an ihren Sachen vergreift?

Wieso lässt Urs seine zurückgebliebene Tochter nicht einfach zu Hause?

Als sie Mama genau das fragt – vorsichtshalber natürlich in anderen Worten –, aber immerhin in einem Ton, der ebenso wie

Türknallen zeigt, dass Zimmerwegnehmen höchst ungerecht ist, hat Mama nur eine knappe Antwort.

Sie stopft gerade das frische Betttuch fest und packt das Gästedeckbett auf Marthas Hochbett. Dann holt sie eine Klappliege für Urs. „Er hat nun mal gerade sein Tochterwochenende."

Dann fügt sie sanfter hinzu: „Bitte saug noch den Boden, Martha, und bring dein Zeug zu Max und Ella. Und vielleicht denkst du mal dran, wie du dich fühlst, wenn du irgendwo unerwünscht bist."

Martha trollt sich. Sie mag jetzt den Zwillingen nicht ,Hallo' sagen und schon gar nicht danach fragen, wo sie ihre Sachen hintun darf. Zum Glück sind die beiden beim Fußballspielen. Marthas Matratze liegt schon in einer Ecke neben dem Stockbett und sieht winzig aus. Martha wirft ihr Zeug auf Ellas Bett und legt sich auf ihre neue Schlafgelegenheit. Winzig ist sie, ja, aber nicht zu klein für Martha. Niemand aus ihrer Familie würde dort Platz finden, jedenfalls niemand, der über fünf ist, sie aber wohl.

Ein Hundekorb, jedenfalls einer für einen großen Hund, der würde für sie reichen. Martha heult. Zwanzig Zentimeter mehr Länge für sie. Zwanzig weniger für das fremde Mädchen, das gleich anreist. Damit wäre ihnen beiden geholfen.

Im Nachhinein wird Martha ihren Eltern erklären: Das Wochenende war viel schlimmer, als sie es sich vorgestellt hat. Und gleichzeitig auch viel besser. Und das kommt so:

Toll ist Mamas selbstgemachte Pizza. Knusprig und gut belegt. Gruselig dagegen, wie Helgrit sie isst. Da kann einem der Appetit vergehen. Wenn man hinsieht. Die Zwillinge sehen immerzu hin. Aber sie sind früh genug verdonnert worden, keine Kommentare abzugeben.

Helgrit kann nicht mit Messer und Gabel umgehen. Richtig sprechen kann sie auch nicht. Das lag einerseits am Schweizer Dialekt, oder besser Schwyzerdütsch, wie Urs erklärt. Und andererseits liegt es daran, dass Helgrits Zähne und ihre Zunge nicht am richtigen Platz zu sein und ihre Aufgabe nicht zu kennen scheinen.

Dass sie so riesig ist, mag Martha mit einem Mal nicht mehr als Vorzug ansehen. Alles schlackert an ihr. Ihre Brille hat Gläser so dick wie der Deckel eines Einmachglases. Und Pickel blühen auf Helgrits Stirn und Wangen so viele, dass sie astronomische Muster ergeben.

Toll und sehr erstaunlich ist, dass Helgrit wunderbar mit den Zwillingen Lego baut, und die beiden Kleinen das große Mädchen auf eine seltsame Weise unter ihre Fittiche nehmen.

Nicht so toll wiederum ist, dass Mama und Papa das erwähnenswert finden, dagegen jedoch Marthas Bemühungen, Helgrit vorzulesen, nicht recht würdigen. Helgrit dagegen mag die Geschichte sehr, die Martha für sie ausgesucht hat.

„Vom kleinen und vom großen Klaus", heißt sie. „Die Geschichte vom kleinen Muck" hat Martha verworfen, denn für orientalische Märchen fehlt Helgrit sicher der Sinn – und Martha findet, dass dem missgestalteten Zwerg darin allzu übel mitgespielt wird.

Also liest Martha auf einem Fußbänkchen sitzend langsam und mit ihrer schönsten Stimme vor. Helgrit liegt auf ihrer Liege und hat zwei Finger in den Mund gesteckt. Sie macht Geräusche des Behagens, und ihre langen, dürren Beine sind angewinkelt, so dass sie an eine große Heuschrecke erinnert. Sie kratzt sich nicht.

Die Zwillinge, schon im Schlafanzug und frisch gewaschen, setzen sich zu ihr und streicheln ihr die Füße.

Von den Erwachsenen hört man nichts. Sie sind mit einer Flasche Wein und einer Kanne Tee ins Wohnzimmer gezogen. Irgendwann werden sie kommen, ihnen gute Nacht sagen und dafür sorgen, dass in beiden Kinderzimmern Ruhe herrscht.

Aber jetzt haben wir Kinder noch Ruhe vor ihnen, denkt Martha. Sie klappt das Märchenbuch zu.

„Ich sing dir ein Schlaflied", sagt sie plötzlich und wie gegen ihren Willen. Nur weil's grad so friedlich ist. Dann stimmt sie das Lied vom Mond an, der aufgegangen ist. Und wo die Sternlein prangen, was wahrscheinlich wiederum nur sie versteht. Die Zwillinge singen mit. Zwei Strophen kriegen sie gemeinsam hin.

Helgrit macht andächtig Blasen mit ihrer Spucke „Sing wiiter!", sagt sie vernehmlich.

Martha singt die dritte Strophe allein. Die Zwillinge kraulen Helgrit. Am Ende weiß keiner, ob es daran liegt, dass die kleinen Hände sie kitzeln oder daran, dass Marthas Stimme so schön klingt. Oder ob Helgrit es einfach wunderbar findet, mit Martha, Max und Ella zusammen zu sein. Jedenfalls lächelt sie. Sie sehen es alle drei. Ganz selig sieht sie aus.

Es tut gut, sich gut zu finden

Marthas neue Schule liegt nicht weit von zu Hause entfernt. Das ist einer der Gründe, warum Mama, Papa und Martha sie ausgewählt haben. Der andere Grund ist, dass dort viele Dinge angeboten werden, die Martha mag: zum Beispiel naturkundliche Fächer und guter Kunstunterricht, und dies alles mit Kindern aus den unterschiedlichsten Familien.

Ein paar Kinder mit Handicap sind auch dabei; das weiß Martha von Hannes, der bei ihr im Haus wohnt und schon ein paar Klassen weiter ist. Außerdem haben sich Mama und Papa natürlich erkundigt, wo es für Martha nicht zu schwierig ist, treppauf und treppab zu laufen, wo man Rücksicht darauf nimmt, dass sie hoch sitzen muss und nicht an alles drankommt und dass sie beim Sport nicht alles kann.

Martha, Mama und Papa war es wichtig, dass Martha eine Schule besucht, in der das Hänseln nicht geduldet wird, sondern ein gutes Miteinander herrscht. Und wo es so viele Arten von Menschen gibt, dass man gar nicht auf die Idee kommt, sie in „normal" und „nicht normal" zu unterscheiden.

Auch Gerda, mit der Martha vor ein paar Tagen telefoniert hat, um sich noch einmal für ihre Begleitung zur Einschulungsfeier zu bedanken, fand das toll und hat Martha zur neuen Schule beglückwünscht. Ihr hatte besonders gut gefallen, dass die Fünftklässler des letzten Jahrgangs für die Neuen gemalt, gesungen und getanzt haben und die Großen für sie Waffeln gebacken haben.

Marthas neuer Klassenlehrer heißt Herr Fürmann. Er hat alle Kinder seiner neuen Klasse zum Kennenlerngespräch eingeladen, samt Eltern, und zwar nacheinander.

„Das zieht sich über drei Samstage. An kaum einer Schule gibt sich jemand solche Mühe", hat Mama berichtet und dabei anerkennend geklungen.

Am ersten Samstag nach der Einschulung ist Martha dran. Mama bleibt mit den Zwillingen daheim. Papa begleitet seine Erstgeborene in die neue Klasse. Martha zeigt ihm ihren Platz, gleich vorne, auf einem erhöhten Stuhl mit einem Fußbänkchen davor.

Herr Fürmann ist schon da; Martha ist seine dritte Schülerin heute. Für jeden hat er eine Schulstunde, also 45 Minuten, eingeplant. Nach der Begrüßung sieht Herr Fürmann Martha prüfend an. Die wird sogleich ein wenig schüchtern und fühlt sich noch kleiner.

„Warum meinst du", fragt Herr Fürmann und schaut Martha listig an, „dass ich auf dich in meiner Klasse nicht verzichten möchte?"

Diese Frage verwirrt Martha, und sie schaut Papa hilfesuchend an. Der nickt ermutigend. Martha ahnt, dass Her Fürmann sie ein wenig auf die Probe stellen will. Seine Stimme und seine Haltung sind streng, aber um seine Augen ist es freundlich und hell.

„Ich frage das übrigens alle Kinder, nicht nur dich", sagt er. „Also: Kannst du mir auf Anhieb drei tolle Eigenschaften von dir sagen, die für die ganze Klasse gut sind?" Er drückt Martha ein Stück Kreide in die Hand. „Dann schreib sie dick und fett auf."

Herr Fürmann will die Tafel in die richtige Höhe schieben, aber die Tafel klemmt.

Und schon zieht er Martha einen Stuhl an die Tafel und hält ihr seine Hand zum Stützen hin.

„Mach ich allein, halten Sie mal so lange die Kreide", sagt Martha und klettert auf den Stuhl. Martha hält sich einen Moment an der Stuhllehne fest und dreht sich zu ihrem Vater um.

Der hat sich einen Platz gesucht. Der große Papa mit dem rundlichen Bauch sitzt ein wenig eingequetscht mitten im Klassenraum wie in einem Kino und sieht erwartungsvoll zu Martha.

Die verkneift sich, zu winken. Vorsichtig wendet sie den Kopf zu Herrn Fürmann, der neben ihr steht und achtgibt, dass sie nicht herunterfällt.

Au weia. Sie soll sich selbst loben?

Flimmerfünkchen tanzen vor ihren Augen, und in ihren Beinen scheinen die Knochen aus Gummi zu sein.

Herr Fürmann hat offensichtlich genug Zeit, obwohl er acht Kinder mit ihren Eltern für diesen Tag eingeladen hat. Er macht nicht den Eindruck, als wolle er Martha herunterlassen, bevor sie drei dicke, fette Wörter geschrieben hat.

„Ich weiß nicht", sagt Martha, „was denn tolle Eigenschaften so genau sind. Gilt zum Beispiel auch, dass ich sehr gut rechnen kann?"

Herr Fürmann wiegt den Kopf und legt den Finger an die Nase. „Sagen wir so: Das ist eine tolle Fähigkeit, die vor allem dir nutzt. Machen wir also zwei Spalten, eine mit ‚Fähigkeiten' und eine mit ‚Eigenschaften'."

Herr Fürmann nimmt Martha die Kreide aus der Hand und schreibt beide Wörter auf die Tafel, zieht einen senkrechten Strich zwischen beiden und unterstreicht beide quer.

Dann schreibt er „gut rechnen" unter Fähigkeiten.

Martha denkt nach. Eigenschaften. Ewas Eigenes. Etwas, das typisch Martha ist? Sie zieht die Schultern hoch und lässt sie fragend oben.

Herr Fürmann legt den Kopf schräg. „Was würde denn dein Papa Gutes über dich sagen? Oder deine Mama?"

Martha guckt zu Papa. Dabei muss sie aufpassen, sich stehend auf dem Stuhl zu halten. Papa sitzt wie gebannt da und sagt nichts.

„Ich glaube, Papa würde sagen, ich kann ziemlich gut ausdrücken, was ich denke."

Herr Fürmann schaut Marthas Papa an. Der nickt zustimmend.

„Ok", sagt Herr Fürmann, „schreib: ‚Ich sage deutlich, was ich denke'. Und weiter?"

„Oh", sagt Martha, während ihre Kreide über die Tafel quietscht, „ich weiß noch etwas: Mama sagt, ich bin hilfsbereit. Und ich sehe schon ziemlich gut, was zu tun ist. Wenn sie was reparieren muss, bin ich ihre Assistentin."

„Schön", sagt Herr Fürmann, „dann schreib in der nächsten Zeile unter Eigenschaften: ‚Ich bin hilfsbereit' und darunter ‚Ich sehe oft, was zu tun ist'. Das ist ziemlich nützlich bei so vielen Kindern in einer Klasse."

Dann dreht er sich zu Marthas Vater um, der seine Ellbogen auf den niedrigen Tisch vor sich gestützt hat und den Kopf in beiden Händen hält. Papa schaut zum Fenster und träumt.

„Und? Herr Muth? Würden Sie Marthas Aussagen bestätigen?" Martha hört das Lächeln in seiner Stimme.

„Wie? Ja, ja, natürlich", sagt Marthas Vater rasch. „Also, eigentlich habe ich nicht richtig aufgepasst." Er räuspert sich verlegen.

Martha lacht so sehr, dass sie fast vom Stuhl fliegt. Herr Fürmann reicht ihr wieder seine Hand. Er scheint nicht sauer auf Papa zu sein.

„Mir ist noch was eingefallen", sagt Martha. „Was mit Fähigkeiten zu tun hat. Dann werden es aber mehr als drei."

Herrn Fürmann und Papa werfen sich Blicke zu. Papa scheint jetzt wieder ganz aufmerksam zu sein.

„Ich hoffe, die Kreide reicht", sagt Marthas Klassenlehrer. Martha schaut den weißen Stummel in ihren Fingern an. Schade, sie hätte lieber farbige Kreide genommen.

„Also", sagt sie, „ich kann sehr gut tauchen. Und ich kenne viele Tiere, die im Meer leben. Malen kann ich auch, ziemlich echte Sachen. Und Frau Witt, das ist unsere Vermieterin, die mal beim Ballett war, findet, dass ich ein gutes Rhythmus-Gefühl habe."

Martha schaut Herrn Fürmann fragend an. Ob das alles gilt? Irgendwie fühlt sie sich, als hätte sie gesiegt. Aber worüber? Gleichzeitig ist ihr bange, was Herr Fürmann dazu sagt. Und ein bisschen schämt sie sich, weil sie so begeistert von sich selbst gesprochen hat.

Herr Fürmann braucht nicht nachzudenken. „Geht doch, prima!", sagt er. „Schreib, bitte, jeden Begriff in eine eigene Zeile unter ‚Fähigkeiten': Tauchen, Meerestiere, Rhythmus, Malen."

Martha schreibt. Herr Fürmann zeigt ihr, wie ‚Rhythmus' geschrieben wird.

Papa schraubt sich von seinem engen Platz und geht zu ihm ans Pult. Die beiden unterhalten sich ein wenig. Sie sprechen davon, wie wichtig es ist, Gedanken mal spazierengehen zu lassen. Zu träumen.

Herr Fürmann wird Martha neben zwei anderen Fächern in Deutsch unterrichten; er kennt sogar eins von Papas Gedichten.

Martha ist fertig. Sie macht einen Punkt hinter ‚Malen'. Die Kreide ist fast verbraucht. Der winzige Stummel fällt auf den Boden, und Papa, der einen Schritt zurück macht, tritt mit dem Absatz darauf. Es bleiben nur Krümel. Alle drei lachen.

Martha klettert vom Stuhl und klopft sich die Kreide von den Händen und ihrem Sweatshirt. Dann steht sie – plötzlich sehr winzig – vor den beiden Männern.

Am liebsten wäre sie jetzt auf Papas Arm. Aber das geht nun wirklich nicht mehr. Fünftes Schuljahr, weiterführende Schule, zehneinhalb Jahre!

Zeit für den nächsten Schüler. Ein rundlicher Junge mit braunem Haar und dunklen Augen steht schon mit einer älteren Frau an der geöffneten Klassentür. Es ist Deniz mit seiner Mutter Mevlüde, die eine Änderungsschneiderei betreibt, zu der Marthas Mama schon mal kaputte Sachen bringt. Martha winkt Deniz zu.

Papa und sie wollen sich gerade bei Herrn Fürmann verabschieden, da nimmt der ein neues Stück Kreide. „Warte, Martha", sagt er.

Und dann schreibt er, wozu er in die Knie gehen muss, unter Marthas Wörterspalten, quer und breit, ohne sich an die Einteilung ‚Fähigkeiten' und ‚Eigenschaften' zu halten, in ganz lauten Buchstaben, wenn es so etwas gibt: ‚M. kann Angst besiegen und Mut(h) machen'.

Papa hält inne. Dann macht er mit seinem Handy Fotos von der Tafel. Anschließend schnappt Herr Fürmann sich einen Schwamm und wischt alles weg.

Deniz ist jetzt an der Reihe. Martha ist plötzlich so froh. Sie grinst Deniz an. Der grinst zurück.

Sie geben sich fünf. Martha hätte Lust zu bleiben.

Erfreuliche Aussichten

Martha mag das Mittagessen in der Schulmensa nicht besonders. Sie hat vorher immer mittags daheim mit Mama oder Papa oder beiden gegessen. Das war gemütlicher und leckerer, findet sie.

Die Zwillinge dagegen essen schon seit ihrem vierten Lebensjahr im Kindergarten und bleiben auch jetzt über Mittag in der Grundschule.

Morgens frühstücken die Muths meist gemeinsam, und abends sitzen sie zusammen am Abendbrottisch.

Papa und Mama regeln das mit ihrem Essen je nachdem, wie und wo sie gerade arbeiten. Mal unterwegs, mal daheim.

Für die Schulmensa in ihrer neuen Schule, einer Gesamtschule mit Ganztagsunterricht, bekommt Martha Essensmarken. Mittags um viertel nach zwölf stehen die sogenannten ‚Kleinen‘ in der Schlange, um ihr Tablett vollladen zu lassen, ab ein Uhr mittags die ‚Großen‘.

Zu den Kleinen gehört man hier bis zur siebten Klasse – und da sind schon ziemlich Große dabei. Starke, Wilde, Zappelige, Drängelnde. Schüchterne und Schwächere haben es da ein bisschen schwer.

Nun ist Martha nicht sehr schüchtern und schwach ist sie auch nicht. Aber in dieser hungrigen Meute wird sie ordentlich bedrängt und kommt ins Schwitzen. Und der Krach erst!

Man sollte es nicht glauben, aber Martha kann sich hin und wieder selbst nicht hören, wenn sie ihre Bestellung bei der freundlichen Küchenhilfe hinter der Theke aufgibt.

Sie isst gerne vegetarisch; das hat sie sich angewöhnt, nachdem sie im dritten und vierten Schuljahr Unterricht bei Frau Löffler hatte. Die nahm in jedem Fach am liebsten die Natur durch, vorzugsweise die Tierkunde, vor allem den Tierschutz. Da konnte einem der Spaß an Wurst und Speck, Hähnchenkeule und Hackbällchen schon mal vergehen.

Martha hat daheim mit ausführlichen Berichten dafür gesorgt, dass er auch ihrer Familie verging. Unterstützung bekam sie von Papa und Ella, so dass Mama und Max, zahlenmäßig unterlegen, ebenso auf Fleisch verzichteten. Martha weiß aber von Ella, dass Mama und Max gelegentlich den Metzger drei Straßen weiter überfallen, und dort an der heißen Theke irgendein „köstlich duftendes Stück Fleisch" verspeisen. Martha sieht es ihnen nach. Manchmal überkommt es sie auch, und was Papa isst, wenn er ab und an in der Uni arbeitet, kontrolliert schließlich auch niemand.

Heute hat Martha es besonders schwer in der Mensa. Es gibt Reibekuchen mit Apfelmus und dazu ein, zwei Scheiben Schwarzbrot mit Butter für die ganz arg Hungrigen. Da stehen nicht nur die Vegetarier an, sondern die meisten anderen Kinder auch. Die Küche kommt kaum nach mit Braten und Wenden.

So ein Tablett ist ganz schön breit. Martha muss dafür die Arme sehr weit machen. Ihr Kopf ist viel tiefer als der der anderen Kinder; manchmal wird sie nicht gleich gesehen. Ihre Stimme muss sehr entschieden über die Theke dringen. Sie hat sich angewöhnt, die Küchenhilfe fest anzuschauen, immer ‚bitte' und ‚danke' zu sagen und sich damit einen festen Platz in deren Gedächtnis zu verschaffen. Meistens klappt das auch.

Heute herrscht großer Andrang. Der Duft der Reibekuchen war schon früh durch das Schultreppenhaus gezogen und hatte bei allen eine erregte, freudige Stimmung verursacht.

Vor einigen Tagen waren ein paar große Kisten voller Äpfel angeliefert worden; ein Trecker hatte sie gebracht und klumpige Lehmspuren in der Einfahrt hinterlassen. Ein paar Schülerinnen und Schüler aus der Oberstufe hatten sortieren geholfen. Es gab sogar welche mit einem Gesundheitsausweis, die in der Küche schälten und schnippelten.

Später möchte auch Martha an Ernährungskursen und Kochunterricht teilnehmen.

Jetzt aber will sie auf alle Fälle erst einmal Reibekuchen. „Drei Stück, mit ordentlich Apfelmus", ruft sie der Hilfskraft zu, die mit einer großen Platte voller dampfender Teile mit knusprigem Rand ankommt. Die Haare sind aus der Haube gerutscht und ihr Gesicht ist vor Hitze und Anstrengung gerötet. „Aber ohne Schwarzbrot, bitte."

So viel Hunger hat Martha nicht. Im Gegensatz zu Deniz, der plötzlich neben ihr auftaucht.

„Ey, du hast dich vorgedrängelt, stell dich hinten an, du Spacko!", rufen ein paar Kinder aufgebracht.

Deniz lacht nur. „Nimm zwei Scheiben Schwarzbrot für mich mit", sagt er zu Martha. Und zur Küchenhilfe gewandt: „Doch, sie möchte gerne zwei Scheiben, sie ist bloß zu bescheiden!"

Und schon ist er wieder fort, stellt sich mit einem Tablett brav ans Ende der Schlange und wartet.

Martha hat alles bekommen; sie ruft „Vielen Dank!" und möchte nur noch raus aus dem Geschiebe und dem Lärm, an einen einsamen Tisch und dort ganz allein in Ruhe essen. Es ist nur noch ein Tisch frei, und das ist der, an dem normalerweise die Frauen sitzen, die in der Küche arbeiten.

Dahin balanciert Martha ihr Tablett; der Weg scheint endlos. Puh. Auf keinem der Stühle liegt ein dickes Polster, was für Martha zum Essen sehr unbequem ist. Es hilft nichts, sie wird auf der Sitzfläche knien müssen. Hoffentlich schaut niemand.

Und weil sie nun wirklich Hunger hat, denkt sie nicht weiter darüber nach. Sie verteilt das herrlich stückige Apfelmus auf der heißen Fläche des knusprigen Reibekuchens. Gerade will sie eine Gabel voll in ihren Mund schieben, da lässt Deniz geräuschvoll sein Tablett auf den Tisch knallen.

„Hey, Martha", sagt er. „Kann ich bei dir essen? Hier hat man wenigstens seine Ruhe."

Martha kaut und schluckt und nickt. Deniz lässt sich schnaufend nieder; er ist ein rundlicher Junge mit einem weichen, sanften Gesicht.

Martha reicht Deniz das Schwarzbrot von ihrem Teller. „Du isst aber echt viel", sagt sie mit Blick auf Deniz' Teller. Da liegen zwei weitere, mit Butter bestrichene Scheiben.

Deniz schneidet eine Grimasse und winkt ab. „Meine Brüder meckern auch schon immer. Ich liebe Schwarzbrot", sagt er und legt sorgfältig einen Reibekuchen auf eine der dunklen Scheiben. „Bei uns gibt es meistens Fladenbrot."

Martha schaut, wie Deniz einen riesigen Brocken abschneidet, aufgabelt, in den Mund schiebt und mit Genuss kaut. Er schließt die Augen dabei.

„Fladenbrot esse ich dafür supergerne", sagt Martha. „Am liebsten mit Hummus." Ihre Mama macht den manchmal selbst. Martha weiß nicht genau, wie, aber auf alle Fälle kommen pürierte Kichererbsen drin vor.

„Oh ja, das schmeckt toll!" Deniz pflichtet Martha mit vollem Mund bei und schlägt sich mit einer Faust auf die Brust. „Den kann meine Mutter am allerbesten."

Martha kämpft mit dem dritten Reibekuchen. Deniz pappt zwei Scheiben Schwarzbrot zusammen und wickelt sie in eine Serviette.

„Für später", sagt er und sieht Martha verschwörerisch an. Dann putzt er mit einem Stück Reibekuchen das restliche Apfelmus vom Teller und lehnt sich seufzend zurück. Er scheint nach Worten zu suchen.

„Ich habe direkt nach den Herbstferien Geburtstag", sagt er endlich. „Dann werde ich elf. Mama hat gesagt, ich darf ein paar aus meiner Klasse einladen. Meine Brüder sind auch da; vielleicht auch meine Schwestern. Kommst du auch?"

Martha ist sprachlos. Sie war noch nie bei einem fremden Jungen auf dem Geburtstag. Außer bei Hannes und Robert, aber die wohnen im gleichen Haus; das sind keine Fremden.

„Ich w-weiß nicht", stottert sie. „Ich frage meine Eltern. Und ich weiß ja nicht, wann, und auch nicht, wo du wohnst?"

Deniz lacht. „Klar weißt du das. Deine Mama und du, ihr wart doch schon bei uns in der Änderungsschneiderei. Die Wohnung darüber, die gehört uns. Da wohne ich mit meinen Eltern und zwei Brüdern. Meine Schwestern sind schon ausgezogen."

Martha erinnert sich, dass Mevlüde, Deniz' Mutter, mit Mama über ihre erwachsenen Töchter gesprochen hat. Bei den Dogans waren die Zwillinge, zwei Mädchen, zuerst auf der Welt. Martha denkt an das freundliche Lächeln von Mevlüde, wenn sie sich mit Marthas Mutter unterhält, obwohl sie nicht sehr viele deutsche Wörter kennt und die auch manchmal für Martha ziemlich unverständlich ausspricht.

Das wird sicher ein anderer Kindergeburtstag als üblich, überlegt Martha. Und vielleicht kann sie Deniz sogar zu dem Ausflug in den Unterwasserzoo einladen, auf den sie schon eine Weile spart.

„Du kannst es dir ja überlegen. Deine Mutter kann ruhig mitkommen." Deniz packt sein und Marthas Tablett zusammen. Dann nimmt er alles und trägt es zum Geschirrwagen. Martha klettert vom Stuhl und läuft hinterher.

„Schön", sagt sie schnell, bevor Deniz es sich noch anders überlegt und statt ihrer Mia einlädt, die sich gerade mit einem Trupp von Mädchen zum Pausenhof aufmacht. „Ich frage Mama, und dann kommen wir. Dann können die Mütter quatschen, und wir beide spielen was."

„Aber nix Mia sagen. Auch nicht deinen anderen Freundinnen." Deniz legt den Finger auf die Lippen.

‚Aha', denkt Martha traurig, ‚er schämt sich vor den anderen, weil ich so klein bin'. Aber da irrt sie sich.

Deniz kratzt sich am Kopf. „Die lachen immer, weil ich zu dick bin. Und beim Völkerball will mich keine von ihnen dabeihaben. Ich lade nur die ein, die ich wirklich mag."

Sie ist eingeladen! Bei einem sehr netten Jungen, der gerne mit ihr zusammen ist. Und isst. Das muss Martha unbedingt Mama erzählen. Sie werden ein schönes Geschenk für Deniz aussuchen. Und Blumen für Mevlüde.

Inhaltsverzeichnis

Wörter, die vielleicht erklärt werden müssen:
Alle Wörter sind alphabetisch geordnet.

„Annongse": Annonce, Anzeige, z.B. wenn jemand etwas verkaufen oder kaufen will und es in die Zeitung setzt (man kann auch entlaufene Katzen per Annonce suchen).

Bauernskat: vereinfachtes Skat-Kartenspiel für zwei Personen (wenn man keine drei Personen zusammenkriegt oder Anfänger ist).

„Der Werauchimmer": das habe ich mir ausgedacht. Wer auch immer da Martha erschreckt oder bedroht, oder einfach unheimlich ist. So genau weiß man das ja nie, wenn man gerade Gruselangst hat.

„Epmal-Nehscat" rückwärts: Taschenlampe (Jasper soll das rauskriegen. T-aschen-m-esser war für Martha viel zu leicht).

Falabella: kleine Ponys, eine sehr kleine Pferderasse, Stockmaß (Rückenhöhe) höchstens knapp 90 cm.

Frauenschwoof: wenn nur Frauen zusammen feiern, eine große Fete mit Musik und Tanz, Verkleidung und ziemlich viel Spaß.

„Innizjahlen": Initialen, das meint eigentlich Anfangs-buchstaben. M.M. wäre zum Beispiel Martha Muth. Martha denkt aber zuerst, es hätte etwas mit Zahlen zu tun, weil es sich so ähnlich anhört.

Jurte: eine Jurte ist so etwas wie ein großes Zelt, in dessen Mitte sich sogar eine Feuerstelle befindet. In Zentralasien

172

werden sie von den Nomaden bewohnt, hier bei uns bauen Pfadfinder sie für ihre Lager auf.

Kasperlpuppen: kennt ihr wahrscheinlich. Meine waren aus Holz, mit geschnitzten Köpfen, sie leben alle noch, obwohl meine drei Kinder damit nicht gerade zart umgegangen sind. Es gibt sie auch aus Plastik. Wichtig sind Kasperle, Großmutter, Seppl und Gretl, die Prinzessin, der Wachtmeister, der Räuber und die Hexe. Sehr fein ist es, wenn man noch Zauberer, Krokodil, König, Prinz und den Teufel dazu hat. Dann lassen sich herrliche Geschichten vorführen. Man fährt mit den Händen in die Puppen hinein, bewegt sie und spricht für sie.

„Kulicken": Koliken. Das sind heftige Krämpfe. Hier sind Bauch- und Magenkrämpfe gemeint (Oma Ilse hat schon mal welche und ordentlich Angst davor).

„Lili Putz": da hat Martha etwas falsch verstanden. Das Paar hat geflüstert und gemeint, dass Martha eine Liliputanerin sei. Martha ist einfach kleinwüchsig. Solche Bezeichnungen wie Liliputanerin sind alt; man sagt das heute nicht mehr. Meistens ist es auch nicht nett gemeint. Und Flüstern über Menschen, die anders sind, als man sich das so vorstellt, gehört sich auch nicht. Jedenfalls nicht für erwachsene Menschen.

Aber Martha hat zum Glück etwas viel Freundlicheres verstanden, nämlich einen Mädchennamen, den sie dann gleich ihrer gemalten Fee verpasst. Außerdem gibt sie, je älter sie wird, umso weniger darum, was andere über sie sagen.

„Lürick": Lyrik. Marthas Vater ist Dichter und Professor für Lyrik. Das heißt, dass er selbst dichtet und auch viel über die

Gedichte von anderen Dichtern und Dichterinnen weiß. Dafür müssen die Gedichte nicht unbedingt gereimt sein, nur irgendwann gedruckt.

Malefiz: ein Brettspiel mit Klötzen und Hindernissen, Würfeln und Blockaden – und Mordsärger, wenn man ewig nicht weiterkommt.

„Polüppen": Polypen sind bei Kindern häufige Wucherungen im inneren Nasenraum, die man wegoperieren kann (nicht muss). Leider können sie wiederkommen.

Rabatz: den kennt ihr wahrscheinlich alle und macht auch ab und an welchen; das heißt so etwas wie Lärm, Krawall (klingt aber irgendwie freundlicher).

„Reschpeckt": Respekt, Achtung haben vor jemandem, ihm oder ihr nicht zu nahe treten, sich nicht trauen, sich vor ihm oder ihr schlecht zu benehmen. Martha verschafft sich Respekt, indem sie tapfer standhält oder Dinge besonders gut macht.

Rückepferd: Kaltblüter, kräftige, stämmige Pferderasse, die gerne zum Transport von Baumstämmen im Wald genommen wird. Das Stockmaß (Rückenhöhe) beträgt bei ihnen zwischen 1,50 m und 2,10 m. Sie haben Fell an den Knöcheln, das nennt sich „Behang", und ihre Hufeisen sind riesig. Dem Waldboden schaden sie nicht, anders als große Trecker oder LKW.

„Schäselong": die oder das, in alter Umgangssprache. Es kommt eigentlich aus dem Französischen, wo es „chaise longue", langer Stuhl, heißt. Das Schäselong ist dem Sofa ähnlich, nur dass es lediglich eine Lehnenseite hat, womit klar ist, wie man sich drauflegt – oder mit Beinen hoch draufsetzt.

„Valiepte": Verliebte. An manchen Brücken machen verliebte Paare ein Schloss fest und werfen den Schlüssel in den Fluss, der darunter herfließt, weil sie sich ewige Liebe schwören. Man kann auch sagen, sie wollen die Liebe am Weglaufen hindern. Sagt selbst, ob ihr glaubt, dass das funktioniert.

„Zerrimonie": Zeremonie, eine feierliche Handlung, die nach festen Regeln abläuft, z.B. Taufe, Hochzeit, einen Pokal oder eine Urkunde bekommen.

Personen:

Marthas Mutter, Luisa Muth, geborene Franzen, Landschaftsgärtnerin, ca. 40 Jahre alt

Marthas Vater, Mathias Muth, ca. 40 Jahre alt, Dichter, Professor für Lyrik

Martha, kleinwüchsig und ältere Schwester

Martha, am 29. Februar geboren, ihre Geschwister, die **Zwillinge Max und Ella** am 1. April. Sie sind gut vier Jahre jünger als Martha.

Großeltern aus Köln, Oma Ilse und Opa Walter Franzen sind die Eltern von Marthas Mutter.

Verwandtschaft von Marthas Vater: Opa Kurt mit Onkel Steffen, Papas älterem Bruder, Tante Gesa, seine Frau, Papas Schwägerin und ihr Sohn **Jasper** (zwei weitere Söhne sind schon aus dem Haus), Eselinnen Thea und Luise, wohnen in der Heide.

Insa, kleine Schwester von Papa, geboren 1977, gestorben mit vier Jahren.

Oma Nele, ist vor Papas und Mamas Hochzeit gestorben; Martha hat sie nicht kennengelernt.

Vermieterin, Frau Witt, Vorname Rika, über 80 Jahre alt, alte Balletteuse, verwitwet, kinderlos, ihr verstorbener Mann hieß Gustav. Ihre Katze in der Kindheit: Mimi, Puppe in der Kindheit: Magda

Ihre **Pflegerin Edytta**, über 50 Jahre alt, deren Mann auch in der Stadt lebt.

Freunde von Martha, **Hannes und Robert, Familienname Kurz,** Nachbarskinder, wohnen eine Etage unter Martha, Robert jünger, Hannes älter als Martha

„Böser Junge" Lars aus der gleichen Straße

Mitschülerinnen **Mia und Lena** bzw. **Leni**

Frau Löffler, Lehrerin, Musik und Deutsch, Bio, Vorliebe Tierschutz

Herr Benn, Sportlehrer, Tauch-AG

Gerda, Freundin von Mama, kinderlos, mit **Hund Lutzi**

Papas Freund Urs, aus der Schweiz, Maler, Fotograf, mit Tochter **Helgrit**

Kinderarzt Dr. Pfahl

Kindergärtnerin Frau Reiche

Frau Kunst mit Tochter **Jennifer**

Ehepaar Stolze mit Collie Hündin, Begegnung am Meer